Las guerras ocultas del narco

Las guerras ocultas del narco

JUAN ALBERTO CEDILLO

Grijalbo

Las guerras ocultas del narco

Primera edición: julio, 2018

D. R. © 2018, Juan Alberto Cedillo

D. R. © 2018, derechos de edición mundiales en lengua castellana:
Penguin Random House Grupo Editorial, S. A. de C. V.
Blvd. Miguel de Cervantes Saavedra núm. 301, 1er piso,
colonia Granada, delegación Miguel Hidalgo, C. P. 11520,
Ciudad de México

www.megustaleer.mx

ISBN: 978-607-316-734-5

Impreso en México – *Printed in Mexico*

El papel utilizado para la impresión de este libro ha sido fabricado a partir de madera procedente
de bosques y plantaciones gestionadas con los más altos estándares ambientales, garantizando
una explotación de los recursos sostenible con el medio ambiente y beneficiosa para las personas.

Penguin
Random House
Grupo Editorial

ÍNDICE

INTRODUCCIÓN

Durante la década pasada de mi labor periodística escasos fueron los días en que no estuvo servido en mi mesa un plato de sangre. No fueron tiempos de rutina. Los constantes acontecimientos de violencia entorpecían el sueño. La carrera era contra los segundos. Sagradas comidas se quedaron sin saborear. No había espacios para reconfortantes siestas. En calurosas tardes, heladas mañanas y lluviosas madrugadas sucedieron cruentas y salvajes escenas que no dejaban de sorprender. Cada vez iban de menos a más. No había espacio para asustarse. Era necesario sobreponerse y, sin pensar, observarlas y capturarlas desde todos los ángulos posibles. Siempre burlando las limitaciones e imposiciones de las autoridades o de los criminales. Esperar segundos o interminables horas para conocer los mortíferos detalles. El común denominador eran escenarios teñidos de rojo con incontables casquillos percutidos. Se trataba de espectáculos de los que muy pocos ojos habían sido testigos en los últimos años. Sucesos que hundieron a México en una edad negra. Empezaron en el norte y luego se replicaron en diversos rincones de la República.

Con queridos amigos y colegas recorrí numerosos poblados de Coahuila, Nuevo León, Tamaulipas, Veracruz, Zacatecas, entre otros sitios donde ocurrieron los acontecimientos que aquí se narran. Quiero expresar mi agradecimiento a colegas como Melva Frutos, Erick Muñiz, Hans Musielik, Víctor Hugo Valdivia, Miguel Ángel Reyna, Tomás Bravo y otros periodistas cuyo nombre no se puede mencionar debido a que radican en zonas de alto riesgo como Tamaulipas. Con algunos de ellos me adentré en lugares como Allende, Progreso, Sabinas, Piedras Negras, Nava, Morelos y otros municipios de Coahuila. San Fernando, Ciudad Mier, Camargo y Miguel Alemán, en Tamaulipas. Tampico Alto, Pánuco y Tempoal, en Veracruz. Además de ciudades donde se registraban cruentas batallas como Nuevo Laredo, Reynosa, Matamoros, Ciudad Victoria y Tampico.

Los crímenes y las pavorosas masacres helaban la sangre. Las narraciones de las víctimas oprimían el corazón. Los peligros eran innumerables. No obstante, había que arriesgarse y registrar los hechos. Era necesario recoger pedacitos del presente para contar una historia en el futuro. Después de 10 años de cosechar todo tipo de maldad, aquí están los primeros capítulos de esas sangrientas historias. Hay otros capítulos que aún no pueden narrarse.

Estar en el lugar de los hechos me ayudó a conocer directamente versiones de algunos protagonistas, pero no fue suficiente para capturar todos los detalles de la vorágine que arrasó con el norte del país. Aún se carece de fuentes confiables para documentar un fenómeno protagonizado en su fase inicial por grupos del narcotráfico y posteriormente por una auténtica "insurgencia criminal". Los documentos oficiales o las versiones de las autoridades están viciados por su complicidad con un cártel o por su parcialidad para golpear al grupo rival al que protegen.

En su momento, la poca información sobre la violencia y sobre las acciones de capos del narcotráfico se daba a conocer principalmente en los medios de comunicación. Por desgracia, la mayoría de los medios no se caracteriza por su rigor y objetividad para documentar lo que transmiten. Para mayor complicación, se intentó informar acerca de temas de narcos donde prácticamente es imposible confirmar versiones sobre determinados hechos. Los grupos del crimen organizado ocasionalmente emiten algún tipo de comunicado, pero sólo les llega a ciertos medios y periodistas de la región donde operan.

El huracán de la violencia transformó rápidamente la imagen de México. En el caso de los periodistas, pocos fueron los que documentaron el tema con seriedad. Algunos viajaron a los sitios de alto riesgo para describir las tragedias. Fueron los menos. Entre ellos sobresale Marcela Turati, con sus textos sobre las víctimas. El trabajo del sinaloense Javier Valdez; el libro *El extraditado* de Juan Carlos Reyna, o *Los malditos* de Jesús Lemus y otros pocos que llevaron a cabo investigaciones que resistirán el paso del tiempo y servirán para describir un fenómeno social que hundió en el caos y la tragedia a la otrora apacible provincia mexicana.

En contraste, otros reporteros, principalmente de la capital del país, contribuyeron a la desinformación y a crear mitos. Aprovecharon que el periodismo mexicano estaba en el ojo del huracán y que organizaciones internacionales y gobiernos extranjeros ofrecían reconocimientos y apoyos. Con el objetivo de ganar efímera fama como periodistas que estaban "arriesgando" su vida para informar sobre el peligroso tema del narcotráfico, escribieron notas, reportajes y libros cuya información está sustentada en "leyendas urbanas", en información obtenida en redes sociales, Wikipedia, o que de plano era "volada", es decir, inventada. Sus reportajes o libros hablan de supuestas entrevistas a narcotraficantes, filtraciones de "inteligencia militar" o documentos de la DEA que nunca se mostraron. Existen casos de columnistas que utilizan lo que escribieron reporteros de Tamaulipas, Michoacán, Guerrero o Veracruz para redactar sus propias versiones y presentarlas como si ellos hubieran estado en el lugar de los hechos.

Para compensar la falta de rigor del periodismo mexicano, la participación de la academia resulta fundamental. Sin embargo, en términos generales, las universidades no indagaron con la profundidad que requiere un fenómeno que al paso de los años se recordará como el periodo más violento posterior a la Revolución mexicana. De cualquier modo, se agradece que un puñado de investigadores sí se involucrara en documentar los sangrientos acontecimientos que continúan ensombreciendo al país. Destacan entre ellos el sinaloense Luis Astorga, del Instituto de Investigaciones Sociales de la UNAM, quien creó una biblia para conocer los antecedentes del narcotráfico: *Drogas sin fronteras*. Sergio Aguayo, investigador de El Colegio de México, se propuso sacar a la luz la masacre que se conservó oficialmente oculta durante varios años. El resultado de su equipo de investigación quedó plasmado en un documento llamado *En el desamparo*. Carlos Flores, del Centro de Investigaciones y Estudios Superiores en Antropología Social (CIESAS), trabajó sobre narcotráfico en Tamaulipas, pero sólo alcanzó a publicar algunos textos y un par de libros debido a que tuvo que abandonar el país por amenazas. Otros académicos que investigaron la violencia no suman más que los dedos de una mano; en comparación, los académicos estadounidenses han producido más investigaciones que los mexicanos.

Por su parte, los servicios de inteligencia del Estado mexicano no fueron capaces de prever, atacar o entender un fenómeno que inició en Nuevo Laredo en el año 2004, y no en 2006, como muchos afirman. Instituciones como el Centro de Investigación y Seguridad Nacional (Cisen), la Sección Segunda de la Secretaría de la Defensa Nacional o el aparato de Gobernación sólo han mostrado capacidad cuando se trata de espionaje político para sostener en el poder a determinado grupo, pero no para enfrentar una amenaza a la seguridad nacional como fueron los cárteles del narcotráfico. La prueba irrefutable de su ineficacia es lo que ocurrió en Ayotzinapa, Allende o San Fernando, ya que si los servicios de inteligencia del Estado mexicano fueran capaces, esas matanzas no hubiesen sucedido y los grupos del crimen organizado no estarían controlando grandes regiones de la República. Además, la violencia no cesa y sus estrategias, como las aplicadas en Tamaulipas, son un fracaso.

Tampoco supieron interpretar las modificaciones que ocurrieron a partir de los primeros días del año 2011, cuando los Zetas perdieron la capacidad de traficar grandes cantidades de cocaína a Estados Unidos debido a una traición. En esa época surgió un fenómeno social que desde Washington se calificó como *narcoinsurgencia*, el cual fue negado por diversos sectores, como antes se había rechazado la aseveración del Pentágono de que regiones enteras del país operaban como "Estado fallido".

No es casual que desde Washington se observen mejor esos fenómenos de la provincia mexicana. En la capital del país la prio-

13

ridad de la clase política y de la mal llamada "prensa nacional" son los pleitos de alcoba en la corte del Príncipe y las luchas para sucederlo.

La prioridad de este texto es documentar el fenómeno de la narcoinsurgencia. A lo largo de una década, gracias a mi trabajo periodístico, tuve la oportunidad de entrevistar a todo tipo de fuentes: generales responsables de combatir el narcotráfico, militares de fuerzas especiales que participaban en operativos, miembros de pandillas, exmiembros del Cártel del Golfo (CDG) y de los Zetas e incluso sicarios. Otras fuentes menos relevantes fueron las oficiales: procuradores, gobernadores, jefes policiacos, voceros de seguridad, etcétera.

La investigación que se presenta en este libro incluye cientos de expedientes del Archivo Histórico de la Secretaría de la Defensa Nacional (Sedena) sobre los exmilitares que desertaron del Ejército Mexicano para cambiar de bando: Arturo Guzmán Decena, Heriberto Lazcano Lazcano, Enrique Rejón Aguilar, el general Gerardo Ricardo Martínez Pera y muchos más. Además, tiene el respaldo de cientos de reportes a Washington elaborados por diplomáticos estadounidenses (filtrados por WikiLeaks y cuya veracidad aceptaron las autoridades de aquel país), así como de declaraciones ministeriales que se rindieron ante autoridades estatales y federales mexicanas, ampliamente reportadas por la prensa.

No obstante, la base de estas historias son los propios testimonios de los capos que rindieron en diversos juicios celebrados en las Cortes de Texas. También de comandantes Zetas y del CDG, sicarios y víctimas que estuvieron involucrados en masacres y en el trasiego de narcóticos y que están documentados en declaraciones ministeriales oficiales (públicas y accesibles mediante las leyes de acceso a la información) y declaraciones difundidas en diversos medios de comunicación.

Capos como Rafael Cárdenas Vela, *el Junior*, segundo al mando del CDG; Enrique Rejón Aguilar, alias *Mamito*, tercero en mando de los Zetas; narcotraficantes como Alfonso *Poncho* Cuéllar, Héctor Moreno, Efrén Tavira o José Vázquez, responsables del trasiego de cocaína para los Zetas, se confesaron durante días ante jurados y fiscales en juicios que se celebraron en Austin, San Antonio, Brownsville, Dallas y otras sedes de las cortes texanas.

Durante esos procesos también se presentaron los resultados de investigaciones y pruebas por parte de agentes de la Administración para el Control de Drogas (DEA), el Buró Federal de Investigaciones (FBI), el Servicio de Inmigración y Control de Aduanas (ICE), Marshals y expertos en diversos temas relacionados con los casos; así como varias víctimas que lograron sobrevivir y acusaron a sus verdugos. Me tocó escuchar esos testimonios durante días.

Esas confesiones están disponibles, mediante un oneroso pago, en el sitio de la corte federal de Estados Unidos llamado Public Access to Court Electronic Records (PACER), cuya dirección es www.pacer.gov. En pocos años el portal se convirtió en un archivo fundamental para escribir la historia del narcotráfico en México, gracias a la gran cantidad de confesiones que se rinden en los juicios y se documentan ahí.

Las confesiones rendidas por narcotraficantes como Rafael Cárdenas Guillén, Enrique Rejón Aguilar y Efrén Tavira arrojan luz sobre las masacres de San Fernando y Allende; sobre cómo ha operado el narcotráfico en la frontera y la gran corrupción que

15

existe entre los agentes aduanales de Estados Unidos. Asimismo, revelan que los Zetas traficaban cada año alrededor de 40 toneladas de cocaína que compraban en Centroamérica. Ese contrabando les dejaba ganancias estimadas en 350 millones de dólares anualmente. Durante los más de tres años que operaron como cártel independiente obtuvieron utilidades superiores a los mil millones de dólares. Finalmente, desmienten muchos mitos que en la actualidad circulan sobre los Zetas, como su origen, su nombre o que Osiel Cárdenas los reclutó.

Desde luego, aunque son confesiones rendidas como testigos protegidos bajo juramento de decir la verdad, siempre cabe la pregunta: ¿qué tan confiables son los testimonios de esos desalmados criminales?

Los cables enviados a Washington, los expedientes de la Sedena y los 10 años de cobertura sobre los hechos que narraron fueron los filtros que me permitieron discernir si los testigos decían la verdad o mentían. En general, su testimonio coincidió con la realidad en 95%. Sólo se confundían con fechas, lugares, algunos apellidos o nombres.

Debido a que no serían juzgados por los asesinatos que cometieron en México, cuando tuvieron la oportunidad de contar sus andanzas en la narcoguerra, se explayaban a tal grado que los fiscales tenían que callarlos o advertirles que respondieran sólo a lo que les preguntaban. Los terribles hechos que aquí se narran están basados en sus testimonios. Sin interpretarlos o juzgarlos, los describo tal y como los confesaron.

Monterrey, agosto de 2017

1

LAS VÍCTIMAS VIAJABAN AL NORTE, LOS VERDUGOS REGRESABAN AL SUR

El joven Luis Freddy Lala Pomavilla soñaba con deambular por Los Ángeles, donde sus padres vivían desde hacía cuatro años. Cuando estaba a punto de cumplir 18 años, abandonó la provincia del Cañar, una región agrícola del sur de Ecuador. Su esposa Angelina, un año menor que él, esperaba un bebé. Freddy anhelaba ofrecer una mejor vida a su próximo hijo, así que decidió emprender una odisea hacia la Costa Oeste de Estados Unidos. Pretendía reunirse ahí con sus padres y posteriormente llevarse a su mujer.

A finales de julio de 2010 dejó Cañar asesorado por un coyote. Pasó por Honduras y después llegó a Guatemala, donde se quedó dos semanas esperando los dólares que le mandarían desde un suburbio de Los Ángeles. En la zona del Petén, a la altura de Santa Elena, cruzó el río Suchiate en una de las improvisadas lanchas sostenidas por antiguas cámaras de llantas para desembarcar en México. En Chiapas el destino lo reunió con otros cuatro ecuatorianos, otros tantos brasileños, hondureños y salvadoreños que también se ilusionaron con alcanzar la tierra prometida.

17

Al grupo se sumaron 14 mujeres. La más joven era una adolescente salvadoreña que recién había cumplido 15 años, quien salió de la empobrecida región de Peñitas. Su madre radicaba en Nueva York y le había pedido que se arriesgara en la peligrosa travesía con tal de alejarla de un adulto con quien había iniciado un noviazgo. Temiendo que pronto quedara embarazada, la madre desembolsó sus ahorros para pagarle a un coyote un adelanto de 3500 dólares por ayudarla a cruzar a Estados Unidos.

Al joven ecuatoriano el viaje le costaría 11 000 dólares; los brasileños originarios del sur de su nación pagarían un promedio de 10 000 dólares y la mayoría de los centroamericanos tenía que desembolsar alrededor de 2 000 dólares tan sólo para que los condujeran a la orilla mexicana del río Bravo.

Reunido el selecto grupo de 76 migrantes, los coyotes los subieron a dos camiones de redilas y cubrieron con lonas sus preciada carga. Desde el sur comenzaron el peligroso trayecto a través de varios estados de la República con rumbo a la ciudad fronteriza de Reynosa, en Tamaulipas.

Sin embargo, sus sueños de tocar el suelo de Texas serían truncados por otro grupo de jóvenes para quienes la tierra de las ilusiones se había transformado en una pesadilla. Ellos ya habían emprendido su viaje de vuelta a México, también hacia la frontera tamaulipeca.

Uno de esos jóvenes que había regresado se llamaba Martín Omar Estrada Luna. Su madre Ofelia de la Rosa lo llevó desde niño al pequeño poblado de Tieton, en el estado de Washington. A pesar de haber tenido padre biológico y padrastro, en realidad nunca contó con una figura que lo orientara. Las autoridades del pueblo lo consideraban un niño producto de una familia desintegrada.

"Era un tipo que dormía en los sofás de los amigos y se metía en problemas absurdos. Era un líder, en un sentido malo obviamente", contó a la Agencia AP el jefe de la policía de Tieton, Jeff Ketchum.

Sus primeras escuelas fueron pandillas del norte de California, donde se inició en las actividades delictivas, destacando su tránsito por Los Norteños, banda asociada a Nuestra Familia, el grupo rival de la Mexican Mafia o la Eme. Ahí se tatuó parte de su voluminoso cuerpo y se formó en el manejo de armas.

A finales de la década de 1990 cayó preso acusado de allanamiento, portación ilegal de una pistola, entre otros delitos. Su ficha policial lo calificó como "narcisista y extremadamente violento". Lo deportaron por primera vez de Estados Unidos en 1998. Posteriormente regresó, lo capturaron y lo metieron en una cárcel donde ayudó a escapar a cuatro reos, pero él no pudo hacerlo debido a sus casi 100 kilos de peso: no cupo por el hoyo que abrieron en el techo de la prisión, así que lo deportaron de nuevo a México.

A principios de 2009 volvió a ingresar ilegalmente en Estados Unidos, pero lo detuvieron de inmediato. Se quedó internado en la prisión de Herlong, California, para después ser expulsado a través del paso fronterizo de San Ysidro, en San Diego. Cansado de sus intentos fallidos de volver a la Unión Americana, decidió irse a Reynosa, Tamaulipas, donde tenía familiares.

Otros dos jóvenes que volvieron al sur desde la ciudad de Dallas fueron los hermanos Miguel Ángel y Óscar Omar Treviño Morales. A principios de la década de 1980 se habían ido de

Nuevo Laredo, su ciudad de origen, para seguir a sus hermanos mayores Juan Francisco y José.

Juan, el mayor, se mudó al área de Dallas recién casado. Trabajó como albañil y eventualmente tuvo problemas legales. En 1994 enfrentó su primer conflicto con la justicia, ya que al cruzar la frontera no declaró que llevaba consigo 47 000 dólares. Recibió una sentencia de libertad probatoria. En 1995 fue condenado por distribución y transporte de marihuana. Su otro hermano, José Francisco Treviño, vivía en Balch Springs, al norte de Texas.

Miguel Ángel Treviño Morales se forjó como pandillero en las calles de Dallas a comienzos de los ochenta. A la edad de 19 años sufrió su primer arresto, después de una corta persecución policial. Conducía un Cadillac rojo que tenía una de las luces direccionales rotas. La familia pagó entonces 672 dólares en multas y consiguió la libertad para volver a su casa en la calle de Toland.

En Dallas los hermanos menores de la familia Treviño conocieron a un adolescente que comenzaba su carrera delictiva entre las pandillas: Sigifredo Nájera Talamantes, originario de Nuevo Laredo, quien estudiaba la educación básica. Le apodaban *el Canicón* por su enorme cabeza.

En esa ciudad también vivía otro joven llamado José Vázquez, quien se preparaba estudiando la preparatoria abierta, pero además vendía pequeñas cantidades de droga en las calles. En aquella época los hermanos Treviño Morales no lo conocieron, pero años después el destino se encargaría de reunirlos en Allende, Coahuila.

Miguel Ángel se regresó a Nuevo Laredo a finales de los noventa, y Omar y *el Canicón* le siguieron los pasos meses después.

En la tierra de ensueño, otro joven llamado Rafael Cárdenas Vela se decepcionó de sus pobres empleos. Así que decidió regresar a su natal Matamoros, donde había estudiado la secundaria y trabajado en una maquiladora desde los 16 años. Cuando cumplió 18 cruzó de manera ilegal a Estados Unidos. Primero trabajó en Houston como carpintero y más tarde se mudó a Oklahoma, donde se dedicó a la cosecha de champiñones. En esa ciudad se casó con Rosa Isela Moreno Mata, con quien tuvo tres hijos.

Rafael perdió su trabajo debido a problemas conyugales. Tras su regresó a su natal Matamoros, su tío Osiel Cárdenas Guillén lo utilizó como chofer y mandadero para sus familiares. A pesar de que le pedía que le diera una oportunidad, su tío evitaba a toda costa que se involucrara en sus negocios.

El destino pronto lo reuniría en Tamaulipas con otros jóvenes nacidos en el sur de México, quienes a sus escasos 18 años soñaban con servir a su patria. Uno de ellos era Jesús Enrique Rejón Aguilar, quien algún día se presentó en el cuartel militar de Escárcega, Campeche, y se enlistó en el Ejército Mexicano para cumplir sus deseos juveniles. Con una excelente ortografía completó de puño y letra una petición dirigida al secretario de la Defensa Nacional: "Me permito solicitar a usted, si para ello no existe inconveniente, tenga a bien se me conceda ingresar al Ejército y Fuerza Aérea Mexicana como soldado de infantería, en virtud de tener deseos de seguir la carrera de las armas".[1]

Su solicitud quedó registrada el 5 de abril de 1993. Durante los seis años que militó en las fuerzas armadas fue un soldado muy disciplinado. Recibió un entrenamiento extremo al estilo de los boinas verdes, los Kaibiles y otras fuerzas especiales. Se sumergió en pantanos y fue abandonado en zonas selváticas;

"rescató" rehenes secuestrados por terroristas en edificios públicos; combatió y eliminó a peligrosos maleantes en calles de
favelas urbanas. Se entrenó como francotirador, aprendió a usar
lanzagranadas y a manejar vehículos artillados. Formó parte del
equipo táctico conocido como Grupo Aeromóvil de Fuerzas Especiales (GAFE), comenzó a hacer operaciones encubiertas en el
municipio de Miguel Alemán, en la frontera chica tamaulipeca, y
después desertó.

En esa región se juntó con otros compañeros que también
abandonaron la carrera de las armas. Uno de ellos alcanzó el
grado de cabo de infantería: Heriberto Lazcano Lazcano, quien
se había enlistado en las fuerzas armadas en el cuartel militar
número 18 de Pachuca, Hidalgo, el 5 de julio de 1991. A finales
de marzo de 1998 el cabo Lazcano acudió al cuartel militar número 1 de la Ciudad de México. Se dirigió al Archivo Histórico
de la Sedena y solicitó su baja del Ejército en "virtud de tener
problemas familiares que requieren su presencia y tiempo completo".

Otro de los compañeros de la milicia con los que coincidió en
la frontera se volvería el blanco de una intensa cacería por parte
de la Sedena: Arturo Guzmán Decena. Al igual que Lazcano, ingresó en las fuerzas armadas en el cuartel número 18 de Pachuca, el 12 de mayo de 1992. Su capacitación también fue extrema
y se entrenó en el manejo de armamento pesado en una compañía de fusileros. Guzmán Decena se especializó en la toma por
asalto de edificios y en la sobrevivencia en montañas. Fue capaci-
tado en guerra urbana, antiterrorismo y técnicas para sobrevivir
en cualquier área, entre otras habilidades. Cinco años después
causó baja por deserción y a partir de su salida la fiscalía militar

solicitó con carácter de "extraurgente la documentación oficial del cabo de infantería Guzmán Decena". Desde ese momento la Sedena se movilizó por mar y tierra para capturarlo. Los altos mandos le habían dado la responsabilidad de un novedoso proyecto para combatir el narcotráfico, el cual traicionó.

Tras abandonar los cuarteles a finales de 1997, inmediatamente lo buscaron por desertor y se le giró una orden de aprehensión. Se solicitó a la justicia militar que lo capturara para someterlo a un proceso ante la fiscalía del Ejército por traicionar a las fuerzas armadas.

Guzmán Decena, Heriberto Lazcano y Enrique Rejón arribaron a Tamaulipas a principios de 1997. Venían al menos con tres grupos de jóvenes cabos de infantería extremadamente disciplinados que habían sido seleccionados para participar en un experimento donde oficiales del Ejército se integrarían a la Policía Judicial Federal. Recibieron capacitación especial para combatir al narcotráfico y su misión encubierta como civiles era penetrar y desarticular a la corporación delictiva que operaba en la frontera chica. Para diferenciar a cada grupo de los efectivos de la Policía Judicial Federal se les asignó una clave de identificación militar con las últimas tres letras del abecedario: X, Y y Z, seguida de un número para cada efectivo. Con esa medida se pretendía contrarrestar la corrupción de los agentes antinarcóticos de la Procuraduría General de la República (PGR).

El proyecto de introducir militares en el combate contra el trasiego de narcóticos había sido impulsado por el gobierno de Estados Unidos. Formaba parte de los acuerdos que tenía con México desde los tiempos de la Operación Intercepción, una medida decretada por el presidente Richard Nixon en 1969, con la cual se pretendía frenar el cruce de narcóticos en la frontera y resolver los problemas internos con sus drogadictos utilizando al Ejército mexicano.

Los supuestos acuerdos entre el gobierno mexicano y estadounidense para incluir militares en la Policía Judicial habrían de cambiar el rostro de México y lo sometería en una edad oscura que continúa hasta la actualidad. Nunca imaginaron que ese proyecto terminaría por someter a la nación a una sangrienta guerra entre cárteles rivales con miles de muertos, y que más tarde la disputa derivaría en una narcoinsurgencia que impactó a toda la sociedad civil. El fracaso del experimento de la Secretaría de la Defensa Nacional sacó a la luz el rostro de la barbarie, cuyos niveles de violencia encuentran su antecedente más cercano en la Revolución mexicana.

A los militares vestidos de civiles primero los enviaron a Reynosa. De ahí se desplegaron a otras ciudades de la zona fronteriza tamaulipeca. Estuvieron bajo el mando del general brigadier Ricardo Martínez Perea y del capitán Pedro Maya. Entre los tres grupos sobresalió al que le asignaron la letra zeta, el cual lideraba el cabo de infantería Arturo Guzmán Decena.

Para esa época el tráfico de drogas florecía en la frontera chica, una región olvidada que desde los años veinte había descubierto su vocación por el contrabando. A lo largo de sus selváticos y solitarios terrenos pasaban miles de barriles con whisky, cerveza y tequila en la época de la ley Volstead, que prohibía la venta de alcohol en Estados Unidos.

Distribuidos entre Reynosa y Nuevo Laredo, en esa pequeña frontera hay varios pueblos, algunos con menos de 10 mil habitantes: Guerrero, Miguel Alemán, Camargo, Ciudad Mier, Díaz

Ordaz, entre otros, los cuales se conectan por una peligrosa carretera conocida como la Ribereña.

Desde comienzos del siglo XX sus agricultores y comerciantes han convivido con los hombres y las mujeres que se han dedicado al contrabando de todo tipo de mercancías: electrodomésticos, ropa, autos, etc., del norte al sur, y de narcóticos en sentido contrario. Negocio al que nadie escandaliza o asusta. Los niños y jóvenes que han crecido en esta región consideran el contrabando como la única opción de buenos ingresos económicos.

Desde la comunidad de Los Guerra, ubicada a las afueras de Ciudad Miguel Alemán, hasta Camargo, los grupos de "pasadores" practicaban una serie de medidas efectivas para cruzar los narcóticos. En una ocasión aprovecharon una baja en el río Bravo —o Grande, como le llaman en Texas— para edificar un puente de madera que el cauce del agua cubría por escasos 10 centímetros para que no se viera. En diversos puntos había cadenas de cámaras de llantas sobre las que montaban la droga y en la carretera 83 de Texas tenían señuelos que distraían a la patrulla fronteriza. Además ya habían ubicado los sensores de movimiento e incluso eran dueños de propiedades en el condado de Starr donde ocultaban grandes cantidades de droga.

En la época en que llegaron los militares Zetas para combatir el tráfico de drogas, los narcotraficantes de la frontera chica trabajaban arduamente para surtir la demanda monumental de marihuana del mercado estadounidense. La hierba se sembraba en Michoacán y se cosechaba durante dos temporadas por año. Una siembra se realizaba con sistema de riego y otra con la lluvia natural. El primero de los cultivos ocurría entre febrero y marzo y el segundo entre julio y agosto. El contrabando comenzaba con la siembra-cosecha y luego continuaba con un sistema de logística de gran capacidad: traslado-almacenamiento-trasiego. Su etapa final, la venta y el cobro, también operaba con eficacia.

El santo patrono del narcotráfico de esa zona era Gilberto García Mena, *el June*, quien desde el pequeño poblado de Guardados de Abajo traficaba al mes 50 toneladas de marihuana que compraba en Michoacán. Para disfrazar su verdadera actividad, *el June* iniciaba su jornada diaria como cualquier agricultor de la región: se levantaba a las cinco y minutos después se le podía ver manejando su tractor para preparar la cosecha de maíz. Al filo de las ocho suspendía su labor para almorzar las gorditas que le preparaba su madre. *El June* era conocido por los apoyos que les daba a los escasos 300 vecinos de su poblado. Si a una madre se le enfermaba su hijo, el narcotraficante le compraba los medicamentos. Todos los habitantes recurrían a él cuando tenían algún problema.

El eficiente sistema *outsourcing* que contrataba García Mena para cruzar su mercancía por los recovecos del estrecho y poco hondo río Bravo ya había captado la atención del poderoso narcotraficante Amado Carrillo, especializado en el trasiego de cocaína que importaba de Colombia. Carrillo, alias *el Señor de los Cielos*, fue a Tamaulipas para negociar con *el June* y pagar piso para traficar por la frontera chica.

Esa alianza obligó a García Mena a ampliar sus operaciones e implementó una tecnología italiana para poner tubería debajo del río Bravo y por un estrecho ducto pasar los paquetes de cocaína, ya que su volumen era menor al de la marihuana. Para ello comenzó a construir un edificio comercial a las afueras de Miguel

Alemán y del lado del condado de Starr se convirtió en propietario del terreno por donde saldría el ducto.

Apenas unos meses atrás, el 14 de enero de 1996, el Cártel del Golfo había perdido a su *big boss*: Juan García Ábrego, de nacionalidad estadounidense, quien fue detenido en una finca del municipio de Benito Juárez, Nuevo León, y más tarde sería extraditado a su país. Después de la caída de García Ábrego, el policía Salvador *Chava* Gómez Herrera asumió el liderazgo del cártel. No duró mucho en el trono del CDG, ya que tres años después lo asesinaron. Como responsable de su muerte se señaló a su mano derecha: Osiel Cárdenas Guillén, quien tras el crimen escapó con su familia a Guadalajara, donde se escondió durante varios meses. A partir de entonces a Osiel se le conoció como *el Mata Amigos*.

Con la muerte de Gómez Herrera el trono del cártel quedó acéfalo. El propio Osiel Cárdenas lo disputaba al sentirse heredero en sucesión por ser originario de la cuna del CDG, Matamoros. Sin embargo, debido a que estaba fuera de Tamaulipas, el hombre fuerte era García Mena y su grupo, en el que destacaba un jefe policiaco llamado Zeferino Peña Cuéllar, *Don Zefe*, su operador financiero.

Gilberto García era asesorado por un hábil abogado quien le explicó los aspectos jurídicos de su negocio: en esa época las penas por el delito de narcotráfico no lo llevarían a prisión más de cinco años. Sin embargo, el delito de portación de armas exclusivas del Ejército lo obligaría a estar más tiempo en un presidio.

De este modo, *el June* y su grupo renunciaron a portar armas. Para cuidarse y defenderse de posibles ataques contrataron como escoltas a los militares que habían llegado al municipio de

Miguel Alemán. Bastaron pocos meses fuera de la férrea disciplina de los cuarteles para que los soldados que en su adolescencia
se ilusionaron con realizar heroicos actos por su patria olvidaran
esos sueños y los ahogaran con exorbitantes cantidades de alcohol, bellas mujeres y gruesos fajos de dólares que les entregaba
Don Zefe. Además, sus jefes, el general Martínez Perea y el capitán Maya, ya les habían puesto el mal ejemplo al aceptar sobornos del CDG.

Para la época en que la Secretaría de la Defensa Nacional
reconoció la deserción de Arturo Guzmán, septiembre de 1997,
él ya se encontraba bajo las órdenes de García Mena y Zeferino
Peña, junto con su compañero de armas Heriberto Lazcano Lazcano, quien se dio de baja del Ejército meses después.[2]

Lazcano y Guzmán Decena cuidaban a *Don Zefe* portando
pequeñas metralletas israelís Uzis cuando regresaba a Miguel
Alemán tras cobrar la droga en Estados Unidos. En su camioneta transportaba cientos de miles de dólares dentro de las antiguas bolsas de papel que la cadena de autoservicio H-E-B les
daba a sus clientes. Los billetes los cubrían con pan de caja y
otros víveres.

"Mi nombre es Jesús Enrique Rejón Aguilar, tengo 37 años y
estoy preso por conspirar para introducir más de cinco kilos de
cocaína y miles de kilos de marihuana [...] Estuve en el Ejército
mexicano entre 1993 y 1999", se presentó *Mamito* ante el jurado
en el juicio celebrado en la ciudad de Austin, Texas, en abril
de 2013. "Estuve comisionado como policía judicial federal por
dos años, del año 1997 al 99. En el combate contra el narcotráfico
[...] Después de que deserté me uní al Cártel de Golfo. Me uní a
ellos como uno de los escoltas o guardaespaldas para capos."

Rejón Aguilar se integró al grupo de escoltas cuando el servicio ya se había ampliado a Osiel y los capos de Matamoros. Guzmán Decena continuaba llamando a sus excompañeros para que se sumaran. En esa época desertaron otros cabos de infantería como Jaime González Durán, alias *el Hummer*, el cabo de arma blindada Miguel Ángel Soto Parra, el subteniente Alejandro Lucio Morales Betancur, entre otros. Primero formaron un grupo de 14 integrantes. A pesar de abandonar el Ejército, continuaron utilizando su clave de identificación militar y a cada nuevo miembro le asignaban un número.

Los éxitos del *June* lo perfilaron como el hombre fuerte para heredar el trono del CDG, así que Osiel Cárdenas se encargó de conspirar para envenenar a su rival con una estrategia que envidiaría la mismísima lady Macbeth. Exmiembros del Cártel del Golfo relataron al autor que a finales del año 2000 Osiel filtró sus operaciones y la ubicación de su lujosa residencia a José Luis Santiago Vasconcelos, titular de la entonces Subprocuraduría de Investigación Especializada en Delincuencia Organizada (SIEDO).

Si las brujas le hubieran pronosticado al *June* que un bosque verde olivo le caería del cielo para derrocarlo, se hubiese sentido seguro porque sería difícil que eso ocurriera. No obstante, una madrugada de los primeros días de abril de 2001, sobre el poblado de Guardados de Abajo descendieron en paracaídas decenas de efectivos de fuerzas especiales del Ejército con uniformes camuflados.

Debido a que el operativo lo realizaron militares en colaboración con la PGR, los excabos que ahora eran escoltas se enteraron de inmediato y se resguardaron. *Don Zefe* desapareció de la faz de la tierra con una pequeña fortuna y nunca más se supo su paradero. Algunos lo ubicaron en Brasil y otros decían que estaba disfrutando de sus dólares en Canadá.

Entre las medidas de seguridad que García Mena había adoptado para protegerse cuando llegara ese inevitable momento en que lo visitaran personas indeseables, estaba una sofisticada habitación del pánico que construyó debajo de su vivienda. Su abogado le había recomendado que cubriera el techo de su casa con plomo para que los satélites de Estados Unidos no lo ubicaran.

Cuando inició el operativo de Vasconcelos para detenerlo, el capo se escondió en su refugio con provisiones para aguantar hasta tres meses. Permaneció en ese cuarto cerca de una semana. Los oficiales del ejército y los agentes de la PGR localizaron droga, pero no encontraron armas, así que parece que Vasconcelos ordenó que le sembraran un pequeño arsenal, el cual posteriormente fue presentado a los medios de comunicación. Comparado con Osiel Cárdenas, *el June* era un hermano de la caridad, pero la SIEDO lo presentó ante los medios como un desalmado y sanguinario narcotraficante.

Para rescatarlo del refugio, su abogado y asesor diseñó un plan con los viejos trucos que usan los magos para desaparecer a sus edecanes. Consiguieron una ambulancia oficial y una camilla con un doble fondo donde se escondería su jefe. Disfrazaron a sus colaboradores de paramédicos. La ambulancia logró atravesar sin dificultad los tres filtros militares que rodeaban Guardados de Abajo y la residencia donde se escondía el capo. Iban a recoger a la madre de García Mena que supuestamente había enfermado. El narcotraficante saldría de su escondrijo y se metería debajo de la camilla con su mamá arriba. No obstante, la operación no se pudo realizar pues Vasconcelos supervisó personalmente el traslado de la mujer.

Para ese momento el jefe de la fiscalía ya sabía que el capo se escondía en un lugar seguro de la casa. Así que supuestamente ordenó que soldados actuaran una pantomima e hicieran como si fueran a violar a sus hermanas. Desesperado por estar varios días escondido, decidió entregarse a las autoridades y salió de la habitación del pánico.[3]

Al eliminar a su rival, Osiel Cárdenas —quien solía asistir a una iglesia cristiana— se quedó sin competencia para llegar al trono del CDG. Después de tomar posesión, nombró como segundo al mando al expolicía Jorge Eduardo Costilla Sánchez, alias *el Coss*.

La suerte corría de su lado. Recientemente un viejo amigo del cártel había llegado al gobierno de Tamaulipas: Tomás Yarrington Ruvalcaba, quien habría recibido contribuciones del CDG durante su campaña por la presidencia municipal de Matamoros y más tarde cuando se lanzó como candidato a gobernador. Como alcalde, Yarrington colaboró y protegió a sus amigos mañosos. Eran tiempos en los que el cártel sólo traficaba narcóticos hacia Estados Unidos y no se metían con la población. En esos años Tamaulipas registraba cero secuestros y los homicidios dolosos apenas promediaban alrededor de 350 casos anualmente.[4]

La llegada del gobernador amigo abrió las puertas para que el antiguo Cártel de Matamoros expandiera sus bases más allá de Reynosa y la frontera chica. Yarrington se volvió un socio de la organización cuando permitió que Osiel escogiera a los comandantes de la Policía Ministerial en algunas zonas, después de que le mandaran maletas llenas de dólares.

De este modo, Osiel se preparó para ocupar nuevas plazas y someter a pequeñas bandas que controlaban importantes ciudades como Nuevo Laredo, la cual era dominada por los Chachos y los Texas. Con ese objetivo ordenó a su nuevo jefe de escoltas, Arturo Guzmán Decena, que su equipo de 14 Zetas reclutara a nuevos miembros y se transformaran en su brazo armado. Primero planeó conquistar todo Tamaulipas, luego el noreste y otras ciudades estratégicas del sur de la República, entre ellas Cancún, pues tenía un interés especial en ese paraíso turístico adonde viajaba continuamente a descansar.

En ese ambiente de optimismo generado por la llegada de un viejo conocido como gobernador, el joven Rafael Cárdenas Vela, *el Junior*, recibió la oportunidad que anhelaba. Para su nueva tarea ya tenía experiencia, *el Junior* se había desempeñado como efectivo de la Policía Federal. En agosto de 2001 recibió la encomienda de su tío Osiel para que "sentara plaza en San Fernando", ya que en ese tiempo nadie controlaba esa región fundamental para el trasiego de narcóticos.

"Osiel me dijo que hablara con el comandante de la Policía Ministerial Noé Hinojosa [uno de los designados por el CDG], ya que él me iba a ayudar. Cuando llegué, empecé paso a paso", contó Cárdenas Vela en un juicio celebrado el 20 de septiembre de 2012 en la ciudad de Brownsville, donde acudió como testigo de la fiscalía para declarar contra su antiguo colega Juan Roberto Rincón Rincón.

Según su testimonio, *el Junior* contó que llegó a San Fernando con 10 mil dólares para ofrecer pagos a policías, militares y oficiales de la Marina y proponerles que trabajaran para ellos. Los sobornos incluyeron a gente de la prensa y la radio. También reclutó como informantes a bailarinas de centros nocturnos. Para consolidar la plaza, el cártel entregó 20 mil dólares a los jefes de la Policía Federal Preventiva en la región. "Al alcalde no necesitaba pagarle ya que habíamos financiado su campaña", señaló ante el jurado.

En esa época las operaciones del Cártel del Golfo en San Fernando le costaban 95 mil dólares semanales. "Ya sabía cómo hacerle, aprendí mirando cómo mi tío Osiel manejaba las demás plazas, así que ya sabía a quién tenía que arreglar para tener bien controlado todo", explicó *el Junior*. La relevancia de San Fernando para el tráfico de drogas la resumió el general Miguel Ángel González, quien fuera comandante de la 8/a zona militar con sede en Reynosa:

> Es un nudo donde confluyen varias carreteras. Hay una carretera que proviene del Golfo que es una ruta del narcotráfico, viene desde Chiapas, Veracruz, pasa por Tampico y Soto la Marina. Es una ruta muy importante hacia la frontera de Tamaulipas con Estados Unidos: son casi 400 kilómetros de una porosa línea fronteriza que ellos quieren controlar para el trasiego de la droga, el tráfico de personas y a la inversa, el contrabando de armas hacia México, así como una gran cantidad de mercancías.[5]

San Fernando está a menos de una hora de la frontera con Estados Unidos. Está conectado con Matamoros por la peligrosa autopista 101 y con Reynosa por la carretera 97. Sus amplios campos agrícolas lo transformaron en el granero del país por la siembra de sorgo. Durante las temporadas de cosechas, miles de hectáreas se tiñen de rojo y se pueden ver cientos de grandes trilladoras cortando y trasladando el grano a los camiones que lo almacenarán en enormes silos que se edificaron a las orillas de las carreteras y autopistas.

Las miles de hectáreas que se siembran cada año conforman una gran región cuadriculada. Hay extensos campos agrícolas conectados por decenas de caminos vecinales y desoladas brechas que conocen únicamente sus pobladores y que utilizan para trasladar cargamentos de droga hacia la zona fronteriza; para vigilarlos, se usan enormes camiones blindados artesanalmente a los que llaman *monstruos*. La Laguna Madre del Golfo de México también resultó estratégica para trasladar narcóticos en embarcaciones que se confunden con las de los pescadores. En esa zona se realiza un continuo contrabando de armas compradas en el mercado negro de Centroamérica.

En las afueras de San Fernando se improvisaron pistas para que bajaran las avionetas con el valioso cargamento de "oro blanco" que traficaban desde Colombia y Perú. Después se trasladaba a través de estrechas carreteras hacia el municipio de Méndez, posteriormente al de China, Nuevo León, y desde ahí a Monterrey, donde se distribuía en el próspero municipio de San Pedro Garza García, ya que sus empresarios, jóvenes, mujeres y adultos drogadictos consumen más de 100 kilos de cocaína por mes.

Osiel también mandó a sus hombres a abrir plaza al puerto de Tampico. A otros los mandó al resto de las ciudades de Tamaulipas. Los Zetas fueron responsables de someter a las pandillas de los Texas y los Chachos en Nuevo Laredo. Y así se inició la conquista de nuevos feudos que regaron con caudalosos ríos de sangre de los enemigos.

Notas

1 Archivo Histórico de la Secretaría de la Defensa Nacional. Expediente del cabo de infantería Jesús Enrique Rejón Aguilar.

2 En el expediente de Heriberto Lazcano Lazcano en el Archivo Histórico de la Sedena se registra su baja en marzo de 1998.

3 En esos tiempos el general Ricardo Martínez Perea fue el único militar de alto rango acusado por cambiar de bando. Su expediente precisa que el presidente Ernesto Zedillo le concedió el grado de general brigadier en marzo de 2000. Un año después lo transfirieron a Tamaulipas. Para agosto de 2003 la justicia militar lo halló culpable por delitos "contra la salud en su modalidad de colaboración de cualquier manera al fomento para posibilitar el tráfico de narcóticos". Fue condenado a una pena privativa de libertad de 15 años de prisión ordinaria.

4 En 1997 los homicidios dolosos sumaron 357 según las cifras oficiales del secretariado ejecutivo del Sistema Nacional de Seguridad Pública.

5 Entrevista con el autor realizada en el improvisado cuartel que tenían en la 8/a zona militar en San Fernando.

2

LA BATALLA POR NUEVO LAREDO

Arturo Guzmán Decena y su grupo de Zetas llegaron a Nuevo Laredo con la consigna de tomar con "sangre, fuego, sudor y lágrimas" la estratégica ciudad para el trasiego de narcóticos, ya que todos los días cruzan por sus puentes miles de tráileres que trasladan mercancías que representan alrededor de 75% del comercio terrestre entre México y Estados Unidos.

La ciudad, en esos tiempos pequeña, somnolienta y tranquila, estaba dominada por dos pandillas locales: los Chachos y los Texas. Ante la ofensiva del brazo armado del CDG, los Chachos y algunos Texas decidieron refugiarse en el Cártel de Sinaloa para defender y conservar su negocio en esa productiva plaza. Otros integrantes de los Texas se sometieron a los Zetas.

Guzmán Decena quizá nunca conoció a Alejandro Magno, no obstante, seguía sus estrategias cuando sometía a los reinos que conquistaba: permitía que los mandos locales continuaran al frente de la administración de los negocios, pero ahora trabajando para él.

En esos momentos el país rebosaba de efervescencia política. Vicente Fox, el candidato del partido conservador, recién

37

había triunfado en las elecciones presidenciales. La derrota histórica del PRI, después de 71 años en el poder, encendía un faro de esperanza para que se modificara el corrupto sistema político emanado de los gobiernos revolucionarios. Se tenía confianza en que el presidente Fox concretara profundos cambios en aspectos fundamentales de la economía, lo social y lo político. Los intelectuales que anteriormente se habían aglutinado en el llamado Grupo San Ángel o Alianza Cívica celebraban la perestroika mexicana. Sin embargo, en poco tiempo el empresario, quien había sido gerente de una división de Coca Cola, defraudó de manera estrepitosa a sus seguidores, así como a quienes esperaban que la situación económica mejorara con la llegada del PAN al poder.

Si la alternancia política no cambió al país, los exmilitares Arturo Guzmán Decena, Heriberto Lazcano, Enrique Rejón Aguilar, los hermanos Treviño Morales y sus Zetas sí modificaron radicalmente la buena imagen que México tenía ante el mundo.

Junto con unos 30 exmilitares, Decena y Lazcano llegaron a Nuevo Laredo en los albores del siglo XXI. Tras conquistar la plaza, su grupo les entregó la droga a los Texas y a los Chachos que se sometieron para que continuaran traficando, y a cambio recibieron una comisión. Además, les permitieron traficar su propia droga, con la condición de reportar cualquier operación que hicieran por su cuenta, de lo contrario los desaparecerían.

Debido a que el Chacho mayor, Dionisio Román García Sánchez, nunca se sometió, en mayo de 2002 lo capturó un comando de 20 exmilitares disfrazados de policías federales en Monterrey. Derribaron la puerta de su residencia en la zona de San Jerónimo con una camioneta donde viajaban los presuntos federales. Tras levantarlo, lo torturaron y ejecutaron.

Días antes, Dionisio Román había participado en la cabalgata Unidos en Nuestras Tradiciones, trotando a pocos metros de los gobernadores de Coahuila, Nuevo León y Tamaulipas. En la edición de ese año asistió Vicente Fox, quien cabalgó con su esposa Marta Sahagún sentada en las ancas del caballo. En uno de los recesos de la cabalgata el presidente Fox descansó en un rancho cuyo dueño era enlace entre el CDG y el gobernador Tomás Yarrington.

Otro de los narcotraficantes relacionados con Texas que no se sometió fue el joven ciudadano estadounidense Edgar Valdez Villarreal, a quien en la vecina ciudad de Laredo le apodaban *Ken*, pero que en la frontera mexicana se lo cambiaron por *la Barbie*. En esa época el estadounidense traficaba por esa ciudad entre 500 y 600 kilos de marihuana al mes. La ofensiva de los Zetas contra los Chachos y el resto de las pandillas obligó a Edgar Valdez a refugiarse con las huestes del Cártel de Sinaloa a través de los hermanos Beltrán Leyva, conocidos en esa época como los Tres Caballeros.

Arturo Beltrán controlaba el importante estado de Nuevo León desde San Pedro Garza García. Tenía como aliado a su millonario alcalde que los dejaba vender su mercancía mientras no se metieran con los destacados empresarios y los ricos habitantes de esa reducida sección de la zona metropolitana de Monterrey, donde viven los ejecutivos de trasnacionales mexicanas como Cemex, Alfa, Vitro, Femsa, Gruma, Villacero, Banorte. Tras la eliminación de las antiguas pandillas, Nuevo Laredo se sumó a la organización de Osiel Cárdenas. El capo cometió el fatídico error de dejar a su brazo armado al frente de la ciudad fronteriza como premio a los esfuerzos de sus eficientes pistoleros. Así que desde esa época los Zetas controlan el puerto más importante para el comercio binacional.

En esa ciudad continuaron reclutando miembros hasta juntar más de 100 hombres. Entre los nuevos reclutas llegaron dos civiles que rápidamente ascenderían en la corte del grupo criminal: los hermanos Miguel Ángel y Óscar Omar Treviño Morales, quienes no se detuvieron en su ascenso hasta llegar a la cúspide por medio de una serie de delaciones y traiciones. Con sus nuevos miembros, los Zetas conformaron un pequeño batallón de sicarios paramilitarizado. Osiel los había convertido en la punta de lanza del CDG para primero expandirse en el noreste y después hacia todos los puntos cardinales. Cuando conquistaban nuevas ciudades, normalmente los exmilitares se volvían los jefes de plaza. De esa manera los Zetas se transformaron en el cártel más poderoso de México, por lo menos en el aspecto militar.

Durante su acelerado crecimiento perdieron a dos de sus fundadores. Primero fue detenido Alejandro Lucio Morales Betancourt, alias *Z2*, a mediados de noviembre de 2001. Los archivos de la Sedena consultados señalan que tras su captura, *Z2* decidió colaborar con las autoridades para ubicar a Osiel. Los informantes que Osiel tenía en la PGR le advirtieron sobre las delaciones de Morales Betancourt. En respuesta, el capo ordenó a sus excompañeros que encontraran la forma de asesinarlo, junto con toda su familia. A *Mamito* le encomendaron localizar y asesinar a su esposa: "Me asignaron para matar a la mujer, pero no la conocía. No lo hice porque creía que ella no era la culpable de todo lo que había sucedido. Como castigo, estuve esposado por un tiempo", recordó Enrique Rejón en el juicio de Austin.

40

Posteriormente caería en un "enfrentamiento" contra el Ejército el jefe máximo Arturo Guzmán Decena, *Z1*. Los altos mandos de la Sedena no le perdonaron su traición y se abocaron a capturarlo. Las fuerzas especiales que lo seguían ya habían ubicado en el centro de Matamoros la casa de su novia, Ana Bertha González. La noche del 22 de noviembre de 2002 Guzmán Decena salió de un bar y se dirigió al cruce de las calles Maclovio Herrera y la Nueve, donde se ubicaba la pequeña vivienda de un piso donde vivía su mujer. En el lugar ya lo esperaba una emboscada preparada por efectivos del Ejército, quienes acribillaron sin compasión a su excompañero de armas.

Meses después, a mediados de marzo de 2003, Osiel Cárdenas también fue detenido por fuerzas especiales en el fraccionamiento Satélite, donde tenía su domicilio. Tras su captura lo internaron en la prisión de Almoloya desde donde continuó girando órdenes a su organización a través de sus abogados, hasta que lo entregaron a las autoridades de Estados Unidos.

La caída del barón permitió a Jorge Costilla ocupar el trono del CDG. Su "consejo de administración", que supervisaría sus actividades, quedó integrado por Ezequiel Cárdenas Guillén, alias *Tony Tormenta*, y el nuevo jefe de los Zetas, Heriberto Lazcano Lazcano, quien a pesar de ser de uno de los fundadores de la banda adoptó el alias de *Z14* porque le gustaba ese número. A partir de que los Zetas se integraron a la dirección del Cártel del Golfo, la organización se autodenominó La Compañía.

La caída de Osiel rompió la delgada tregua que había entre su organización y el Cártel de Sinaloa. *El Chapo* Guzmán, los Beltrán Leyva y *la Barbie* tenían un interés especial por Nuevo Laredo. Además, *la Barbie* tenía viejas rencillas con Miguel

Ángel Treviño Morales. Los capos de Sinaloa pensaron que con la detención de Osiel se debilitaría el CDG, así que decidieron arrebatarle esa plaza a los Zetas, para lo cual reclutaron en Sinaloa a cerca de 500 pistoleros improvisados, cuyo líder sería la propia *Barbie*.

A finales de 2003 una camioneta blindada transitaba a las dos de la madrugada por el Paseo Colón, cerca de su cruce con Reforma, en el centro de la ciudad fronteriza. Desde la camioneta salían disparos de armas de grueso calibre contra los vehículos de sus rivales, quienes repelían el ataque con cuernos de chivo y fusiles AR-15, pero no lograban hacer mella al grueso blindaje. De pronto, desde otro vehículo un exsoldado entrenado en armas pesadas disparó con una bazuca contra la camioneta, la cual comenzó a incendiarse. Tras el enfrentamiento murieron cinco hombres. Al menos tres de los tripulantes quedaron incinerados en su interior.

Así comenzó una implacable guerra que no tenía antecedentes en la historia contemporánea. La más sangrienta desde los tiempos revolucionarios. Con bajas en ambos bandos que se contaron por cientos, aunque muchos nunca aparecieron en las estadísticas oficiales debido a que algunos cadáveres fueron recogidos por sus compañeros y enterrados o incinerados en secreto.

Para combatir a los Zetas, *la Barbie* y los hombres del *Chapo* compraron a un buen número de policías municipales, agentes ministeriales y federales. También utilizaron a varias pandillas locales para conformar un pequeño ejército.

Mientras tanto, los Zetas ya contaban en su nómina con un buen número de efectivos de la Policía Municipal, quienes recibían sobornos de aproximadamente 300 dólares quincenales, los cuales pagaba el comandante Arturo Pedroza Aguirre. Además, pagaban "sueldos" a oficiales y compañeros de armas que aún estaban en servicio en el Ejército, y que les ayudaban a ubicar y combatir a los pistoleros del Cártel de Sinaloa.

Ambos bandos solían usar la frecuencia de la corporación municipal para amenazarse.

Los Zetas comenzaron a usar *halcones*, personas dedicadas a vigilar la ciudad. Copiaron del Ejército el sistema de *estacas* (escoltas) y utilizaron decenas de casas de seguridad como cárceles para torturar y ejecutar a los *chapitos* que capturaban.

A finales de 2004 los comandantes Galindo Mellado, *Mamito*, *Mateo*, *Talibán*, etc., eliminaron por decenas a los improvisados pistoleros de Sinaloa. En los pocos cadáveres que no se levantaban o incineraban dejaban advertencias en cartulinas: "Este mensaje es para ti, *Chapo* Guzmán, y para ti, Arturo Beltrán Leyva". "Sigan mandando más pendejos de éstos pa matártelos, jotos *Barby* y Lucio *El Sol*."

Las constantes y nutridas balaceras no aparecían en los medios nacionales. Para evitar que la plaza se "calentara" con las noticias que daban cuenta de los crímenes, el grupo que dominaba impuso la primera gran censura contra los medios de comunicación, en particular contra el principal periódico de Nuevo Laredo: *El Mañana*. En esa época sus reporteros, editores y dueños comenzaron a recibir amenazas. Adicionalmente sus instalaciones sufrieron ataques con armas de fuego y granadas. En marzo de 2004 su director, Roberto García Mora, fue asesinado en un oscuro crimen. Tras varios atentados en su contra, los periodistas del diario fueron los primeros en el país en usar chalecos antibalas, los cuales portaron durante casi un año. También impusieron la moda que retomaron años después muchos periódicos: eliminar los nombres del reportero y firmar las notas como "Redacción".

Ante las agresiones para que dejaran de publicar notas sobre la violencia, los directivos de *El Mañana* cedieron y suspendieron la cobertura de los asesinatos y los enfrentamientos entre las organizaciones criminales.

"Ésta es una guerra enloquecida que no es de Nuevo Laredo ni de los medios, ni de *El Mañana* ni de la sociedad; sin embargo, todos padecemos las secuelas que produce la violencia", precisó el editorial que anunciaba las limitaciones de la cobertura para "autoprotegernos". "Vimos que la autoridad estaba rebasada por la delincuencia organizada y que no había garantías para los periodistas."

Uno de los pocos acontecimientos que se reportaron a escala nacional fue un operativo de las fuerzas armadas que se llevó a cabo a mediados de 2005, cuando rescataron a 44 personas entre hombres, mujeres y menores de edad a los que torturaron en dos domicilios. Uno de los responsables de las torturas fue Miguel Ángel Treviño Morales, quien ya había cometido varios asesinatos, entre ellos el de un viejo al que le enterró un puñal en el corazón frente a los detenidos.

Desde que inició la violencia, que meses más tarde se extendería hasta Monterrey, los Zetas emplearon los métodos del cuerpo de élite del ejército guatemalteco, los Kaibiles, para aterrorizar al enemigo. Fue en Nuevo Laredo donde aparecieron por primera vez los cuerpos descuartizados, incinerados y colgados.

Los Zetas también usaron armamento pesado y granadas para asesinar a sus rivales. Asimismo, introdujeron bazucas, lanza-granadas, rifles Barret calibre .50, así como vehículos blindados artesanalmente.

Durante los juicios, Rejón Aguilar dijo que combatió en Tamaulipas los intentos del Cártel de Sinaloa por controlar Nuevo Laredo. Aseguró que dirigió al menos una decena de batallas. Además confesó que mandó matar a unas 30 personas.

—Como miembro del Cártel del Golfo, ¿tenía que pagar sobornos a las fuerzas policiales en México? —le preguntó el fiscal Douglas W. Gardner en Austin, donde fue a declarar a favor de la fiscalía.

—Sí, lo hice —respondió *Mamito*.

—¿Y qué hizo la policía a cambio de esos sobornos?

—Diversos servicios, como darnos información, levantar personas.

—¿También ofrecieron sobornos a los militares mexicanos?

—Sí, ellos nos ayudaban a luchar contra el grupo contrario a nuestro cártel.

El combate por Nuevo Laredo entre el Cártel de Sinaloa y los exmilitares Zetas duró todo el año 2004 y la crudeza de los combates se extendió hasta mediados de 2005. El conflicto convirtió a la ciudad fronteriza en un laboratorio donde se produjo la violencia que cambiaría la imagen internacional de México. Ahí nació la cruenta narcoinsurgencia que primero oprimió a la orgullosa metrópoli de Monterrey, la más industrializada y grande del norte del país, y posteriormente destrozó la endeble estabilidad que mantenían corruptos gobernadores del noreste y del sur, llevando a varias entidades a la categoría de Estado fallido.

La narcoinsurgencia Zeta evidenció cómo los cuerpos de seguridad e inteligencia —Cisen, la sección segunda del Ejército, el área de Inteligencia de la Policía Federal— son eficientes sólo cuando se trata de defender los intereses de determinado grupo político que sustenta el poder; en cambio, han sido incapaces de articular políticas de Estado para enfrentar una amenaza nacional como los cárteles.

Durante las batallas de 2004 los Zetas también modificaron la estructura y la manera de operar de las antiguas organizaciones del narcotráfico. Anteriormente se caracterizaban por ser compactas y se dedicaban sólo al trasiego de drogas hacia Estados Unidos.

Los Zetas impusieron paramilitarización de las bandas criminales, las cuales comenzaron a sumar a su estructura pequeños ejércitos de sicarios. También implantaron las extorsiones, que iniciaron en Nuevo Laredo contra los ricos *yonqueros* de la frontera y luego contra todo tipo de comercios. Además se colaron como el agua en los negocios donde reinaba la corrupción e ilegalidad.

Amenazaron o asesinaron a los antiguos dueños de prostíbulos y giros negros para quedarse con ellos. Tomaron control el contrabando y la piratería e incrementaron el narcomenudeo abriendo "tienditas" en las ciudades que se adjudicaban. Obligaron también a lujosos antros, casinos y bares a que los dejaran vender su mercancía. Otro rentable negocio en el que incursionaron fue el robo de combustible a gran escala. Con ese objetivo, formaron una empresa para vender los carburantes robados en Estados Unidos. Posteriormente sumaron el secuestro a comerciantes, empresarios y ganaderos. La economía ilegal absorbió a la economía informal, reclutando a un gran porcentaje de la población de bajos recursos a las filas del crimen organizado.

Antes de que terminara 2005, el poderoso Cártel de Sinaloa se retiró derrotado de Tamaulipas. Los exmilitares demostraron el eficiente entrenamiento que recibieron en los cuarteles de la Secretaría de la Defensa Nacional.

El conflicto pasó prácticamente inadvertido para la gran mayoría de la población, a pesar de que ocasionó más de mil muertos y decenas de desaparecidos. Los medios nacionales, incapaces de percibir problemas sociales de la provincia y acostumbrados a que las únicas noticias relevantes son las oficiales, estaban muy entretenidos con la lengua suelta de Vicente Fox.

A principios de 2005, ya sin un enemigo en su territorio, comenzó una diáspora Zeta hacia el occidente y el sur. El *Comandante Mateo* tenía la orden de conquistar Tabasco. Ricardo Almanza Morales, *Gori 1*, condujo los embates contra los Beltrán Leyva en Nuevo León desde el municipio de Guadalupe. A otros comandantes los enviaron a algunas regiones de Michoacán. Entre sus objetivos también se hallaban los estados de Veracruz, Zacatecas, San Luis Potosí y Quintana Roo, con el próspero centro turístico de Cancún como la plaza principal.

Mamito, Mellado, *Z9*, y Omar Treviño Morales, *Z42*, fueron los encargados de apoderarse de las ciudades estratégicas de la frontera en Coahuila: Piedras Negras y Ciudad Acuña. Saltillo sería responsabilidad de Germán Torres Jiménez, el *Comandante Tatanka*.

Mellado fue el primero en llegar a Coahuila. Llevaba consigo una lista de personas a contactar en Piedras Negras, en su mayoría narcotraficantes que habían sido identificados por una avanzada que se presentó en esa ciudad fronteriza desde los últimos días de 2004. Los *scouts* investigaron a las personas que traficaban por su cuenta narcóticos. Para someterlas, Mellado tenía a su mando al menos a 100 sicarios. A los que se resistieron a las nuevas directrices, simplemente los eliminaron.

Uno de los nombres que incluía la lista de Mellado era Adolfo Efrén Tavira Alvarado, originario de Piedras Negras, quien estudió para técnico mecánico minero al terminar la secundaria. Desde 1996 trabajó en Televisa, donde llegó al puesto de gerente de producción. Además fue responsable de programación y noticieros. Se involucró en el tráfico de drogas por medio de los amigos con los que estudió, quienes ya se habían iniciado en ese negocio. En una ocasión uno de ellos le pidió que eliminara los nombres de varios detenidos para que no salieran en las noticias. Al principio lo aceptó como un favor, luego se volvió una rutina y acabaron pagándole por hacerlo. Más tarde Tavira se convirtió en un enlace entre narcos y medios, sobornando a otros reporteros para que hicieran lo mismo.

Entre los conocidos de Tavira había algunos *narcojuniors* y jóvenes de buena posición económica, como Ediberto Casas, *el Buda*, Armando Mares, Ricardo Guerra, Celso Martínez Pérez, Juan Lagos, Julio Santoscoy García y dos más que sólo identificó por sus alias, *el Cheque* y *el Diente*.

A mediados de la década de los noventa Tavira siguió los pasos de sus amigos y comenzó a comprarles cocaína a dos personas que venían de Cuernavaca. La traían de Colombia y Perú. Viajaban en autobús con unos cinco kilos escondidos en su cuerpo.

"En ese tiempo no existían los cárteles, cada quien podía comprar su mercancía", contó Tavira desde el banquillo de testigos de la sala tres de la corte federal de Estados Unidos en San Antonio, donde testificó contra uno de sus excolegas: Marciano Millán Vázquez, alias *Chano*, quien llegó a ser jefe de plaza de Piedras Negras.

Tavira trabajó primero con un policía federal de Caminos llamado Jorge Cuéllar, quien confiscaba droga y luego la revendía. "Me daba coca a mil dólares por kilo", confesó. En 2000 renunció a Televisa y se fue a vivir dos años a Austin porque no se pudo arreglar con un policía federal que lo quería detener. Luego volvió a México, dijo, "porque el policía federal que me buscaba fue cambiado y mis amigos me invitaron a que regresara".

Contó que en ese tiempo le pagaban a las autoridades y trabajaban tranquilos. Sin embargo, todo cambió cuando llegaron los Zetas, a los que debían reportarles sus actividades: "Si no te unías a ellos, te iban a matar".

Los Zetas llegaron a tomar la plaza y la mayoría decidió unirse. Uno de ellos contactó a Tavira. "Me dijo 'quiero que te reportes, si no lo haces, va a ser peor'". Así arregló su presentación con Galindo Mellado, quien citó a todos los de su lista en la quinta Villa de Fuente. "Cuando llegué a donde estaban, no pensé que estuvieran tan bien organizados. Había todo un ejército, eran aproximadamente unas 100 personas todas armadas", dijo Tavira.

En la reunión, Mellado se congratuló porque Tavira se había acercado solo. Le dijo que lo que quisiera "mover o comprar en Piedras Negras tenía que reportarlo", que ellos le darían la droga y que no podían hacer nada por su cuenta. En el sistema que los Zetas impusieron les entregaban droga, la cual debían respaldar con alguna propiedad o negocio. Si les decomisaban los narcóticos, se quedaban con la prenda.

Luego de someter a los traficantes locales y asesinar a los que se resistieron, llegaron a Coahuila *Tony Tormenta*, *Mamito* y *Z42*. Ezequiel Cárdenas compró la plaza con altos mandos de los cuerpos de seguridad para "tener todo bien arreglado". Ya tenía mucha experiencia en comprar generales de las fuerzas armadas: en su nómina de Tamaulipas había un general diplomado del estado mayor que estaba al mando de la 8/a zona militar, con sede en Reynosa, responsable de las operaciones del "combate al narcotráfico".[1]

En su confesión rendida en su juicio celebrado en San Antonio, el capo Efrén Tavira contó que la organización delictiva pagó sobornos a mandos del Ejército, la Policía Federal, la fiscalía estatal, los delegados de la PGR y a una buena cantidad de políticos de Coahuila. Mientras tanto, en el vecino estado de Nuevo León la inteligencia de los Zetas ya había ubicado a los hombres de Arturo Beltrán Leyva que debían eliminar. Pero antes sobornaron a jefes de las corporaciones policiacas de los principales municipios de la zona metropolitana: Monterrey, San Nicolás, Apodaca, Guadalupe, entre otros.

"En las reuniones que se hacen cada semana en las instalaciones de la Secretaría [de Seguridad Pública de Guadalupe], el secretario Jesús Santos Almaraz Ornelas nos dio indicaciones de que no nos metiéramos en problemas, que no detuviéramos carros lujosos ni vehículos sin placas para que no nos arriesgáramos", contó Abraham Ismael Martínez, expolicía de Guadalupe, en una declaración ministerial ante la PGR. "Además el director de la Policía Municipal, Candelario Juárez Ríos, está coludido",[2] agregó el expolicía municipal.

Al secretario le daban sobornos de aproximadamente 150 mil pesos mensuales; al jefe de la policía 100 mil; a los comandantes de grupos 20 mil y a los efectivos de a pie entre 3 500 y 5 mil pesos.

Entre tanto, a principios de septiembre de 2006 asesinaron al jefe de la Agencia Estatal de Investigaciones (AEI), Marcelo Garza y Garza, en una plaza del exclusivo municipio de San Pedro Garza García. Los criminales eran dos expolicías de élite de ese municipio que estaban al servicio de los hermanos Beltrán Leyva. Los apodaban *el Cobra* y *el Pin Pon.* Uno de ellos le disparó dos tiros en la cabeza al titular de la agencia con un arma corta calibre 50, la llamada "mata policías".

El comandante responsable de tomar control de la zona metropolitana de Monterrey, Ricardo Almanza Morales, ubicó su refugio en una apartada quinta del municipio metropolitano de Benito Juárez, pero operaba desde Guadalupe.

Durante mayo de 2007 los Zetas lanzaron la primera gran ofensiva contra los hombres de Sinaloa. En menos de 30 días asesinaron a 113 personas entre los que destacaron policías y abogados. Los primeros crímenes violentos que ocurrieron en la vía pública cimbraron a la sociedad regiomontana. En pocos días sucedieron más de la mitad de los homicidios dolosos que normalmente se registraban a lo largo de todo el año. No obstante, era sólo el preludio de una guerra que sumergió a Monterrey en la tristeza, la incertidumbre y la zozobra.

Posteriormente fueron asesinados varios policías que aparecieron con mensajes clavados con picahielos en su cuerpo. Los textos advertían al secretario de Gobierno Rogelio Cerda y al procurador Luis Carlos Treviño Berchelmann: "Los crímenes no van a parar hasta que dejen de proteger al Cártel de Sinaloa".

Los narcomensajes no pasaron desapercibidos para los servicios de inteligencia de Estados Unidos. Su cónsul en Monterrey, Luis Moreno, envió una serie de informes a Washington sobre "la escalada sin precedente de la violencia relacionada con el narco que registra Monterrey". "Las autoridades policiales han rumorado desde hace tiempo que el secretario Rogelio Cerda, el segundo al mando en el gobierno del estado de Nuevo León, ha estado involucrado en actividades corruptas que implican al hermano del gobernador Natividad González Parás con miembros del cártel de la droga de Sinaloa que operan en el estado", escribió el cónsul al Departamento de Estado.[2]

El diplomático reportó que el gobernador Natividad González Parás se oponía a que el Ejército Mexicano comenzara a vigilar las calles de Monterrey utilizando como pretexto el Foro Universal de las Culturas que estaba por arrancar.

El gobierno de Estados Unidos tenía especial interés en frenar la violencia en Monterrey, donde varias de sus poderosas compañías tenían negocios o estaban asociadas con empresas de Nuevo León.

Ante la creciente violencia de Monterrey, la DEA formó un bunker que funcionaba desde una exclusiva residencia del municipio de San Pedro. Los cables filtrados en el portal WikiLeaks documentan que la agencia antinarcóticos pronto ubicó la quinta desde donde operaba Ricardo Almanza y le dieron esa información a los altos mandos de la 7/a zona militar. Sin embargo, el Ejército se negó a ir tras Almanza, alegando que su detención podría desatar una masacre en la zona donde se encontraba. La negativa dejó claro que mandos del Ejército ya estaban sobornados por los Zetas y obligó a la DEA a entregarle la información a su nuevo aliado para detener a Almanza: la Marina Armada.

El cónsul estadounidense en Monterrey reportó a Washington:

En Nuevo León, la población y muchos líderes empresariales han aplaudido al Ejército tras observar que durante los pasados 18 meses ha sido la única institución local capaz de confrontar directamente a los cárteles. Sin embargo, en este caso, a pesar de que su inteligencia ya tiene la ubicación de Ricardo Almanza, los mandos del Ejército se negaron a tomar medidas afirmando que su escondite estaba demasiado bien fortificado. Por el contrario, oficiales de la Marina, después de que se enteraron de su paradero, enviaron a los marines a detenerlo —dicha acción fue la primera de la marina en el estado—. Después, generales del ejército se quejaron de que la acción de la Marina hizo que se vieran ineficaces.[3]

Para capturar a Almanza los marinos acudieron a una apartada región del municipio de Benito Juárez la tarde del 4 de diciembre de 2009. Los sicarios Zetas los enfrentaron hiriendo a un oficial. Tras la batalla, ocho pistoleros murieron, entre ellos Almanza, mientras que siete fueron detenidos. Debido a la crudeza de la batalla, los efectivos de la Armada solicitaron ayuda al Ejército. Cuando un grupo de militares se dirigía a la zona por la carretera a Reynosa, se toparon con un convoy de 10 camionetas con hombres armados que los interceptaron en el cruce con la avenida que conduce a San Mateo.

Era hora pico y había mucho tráfico. El intercambio de disparos de fusiles de asalto y granadas duró más de media hora en medio de decenas de automovilistas atrapados. Dos de las camionetas que fueron alcanzadas por las balas se incendiaron y explotaron. De pronto una densa cortina de humo envolvió la escena, lo cual aprovecharon varios sicarios para escapar. Cuando la nube se disipó, se pudieron observar varios cadáveres en el interior de los vehículos y tirados en las calles. En la parte trasera de una de las camionetas incendiadas quedaron los restos calcinados de un hombre que llevaban esposado. Otra de las víctimas fue una mujer que se dirigía en su auto a la ciudad de McAllen a festejar el cumpleaños de su hija de 12 años de edad, quien también resultó herida con una bala en la cabeza, pero por un milagro sobrevivió.

Ese día terminó con el asalto de un convoy Zeta a un centro de reclusión para rescatar a 26 detenidos, entre ellos el jefe de la plaza de Guadalupe, a quien apodaban *el Camaleón*.

La captura de Ricardo Almanza y su hermano Octavio, *Gori 4*, no frenó las actividades Zetas. Semanas después lanzaron una nueva ola de ataques contra miembros del cártel de Sinaloa, la cual secundó el Ejército. Pronto capturaron al jefe de los hermanos Beltrán Leyva en Nuevo León: Héctor Huerta Ríos, alias *la Burra*, capo que operaba desde el municipio de San Pedro y que incluso se turnaba con familias de empresarios para recoger a sus hijos de un prestigiado colegio privado.

Tras la captura de Huerta, Arturo Beltrán designó a Rodolfo López Ibarra, *el Nito*, como su sucesor. López Ibarra viajó a Acapulco para reunirse con el capo, pero al regresar en un vuelo privado fue capturado por militares. El nuevo sucesor fue un joven expolicía de San Pedro llamado Omar Ibarra Lozano, alias *el 34*, quien también duró escasos días en el trono. Más se tardaba Beltrán en nombrar a un nuevo jefe de plaza que el ejército en aprehenderlo. De esa manera, los militares facilitaron que los

Zetas tomaran posesión de Monterrey, la cual se volvería su enclave más importante en el país.

Ya como dueños del estado de Nuevo León, La Compañía se dedicó a crecer reclutando a las pandillas urbanas que reinaban en las favelas de los cerros de la zona metropolitana. También intentaron censurar a los medios, amenazando a editores y jefes de información. Compraron al menos a cuatro reporteros de las cadenas de televisión: dos de TV Azteca, uno de Televisa y otro de Multimedios. Además a un periodista de *El Norte*, el diario más destacado del Grupo Reforma, quien fue despedido cuando su director, Alejandro Junco de la Vega, descubrió que pasaba reportes al CDG.[4]

Con su nuevo ejército se dieron el lujo de lanzar una ofensiva contra el consulado de Estados Unidos en Monterrey, al cual le dispararon y lanzaron granadas. Al grupo ahora lo dirigía Sigifredo Nájera Talamantes, *el Canicón*, quien se había formado como pandillero en las calles de Dallas y después fue reclutado por Miguel Ángel Treviño Morales en Nuevo Laredo. Una a una fueron cayendo a sangre y fuego las plazas que se propusieron conquistar. Asesinaron a policías, expolicías y narcomenudistas que se negaron a someterse a la nueva organización.

Miguel Ángel Treviño Morales primero estuvo a cargo de Nuevo Laredo y después se fue a Veracruz. Debido a la fuerza que mostró en la frontera y luego al controlar el estado petrolero, lo seleccionaron para avanzar hacia Centroamérica. La conquista de esa región fue el primer paso para separarse del CDG. Ahora todos los jefes de plaza eran exmilitares que querían tener su

55

propio canal de distribución de cocaína al margen de los colombianos. Con ese objetivo enviaron a Treviño Morales a eliminar a los capos que dominaban Guatemala, adonde lo acompañó un grupo de jóvenes pistoleros mexicanos.

En marzo de 2008 Treviño Morales le tendió una emboscada en el balneario La Laguna, en Zacapa, a uno de los narcotraficantes al que le compraban cocaína: Juan José León Ardón, alias *Juancho*, quien operaba en la zona del Petén.

A las dos de la tarde comenzó el atentado en el que participaron mexicanos y Kaibiles guatemaltecos, quienes utilizaron un lanzacohetes antitanque ruso RPG-7 contra los autos blindados de *Juancho*. Cuando llegó la policía encontraron dos vehículos que ardían en llamas, junto a 10 fusiles AK-47, cinco pistolas 9 mm y dos lanzagranadas. En la escena del crimen también había 325 mil dólares. El saldo fue de nueve muertos y tres heridos.

Tras el enfrentamiento las autoridades guatemaltecas capturaron a tres mexicanos provenientes de Tamaulipas. Otros tres detenidos eran ciudadanos guatemaltecos. Los mexicanos arrestados se identificaron como Roberto Rodríguez Cárdenas, de 28 años; Luis Ernesto Lugo, de 21, y Roberto de León Gómez. Los guatemaltecos detenidos "fueron vinculados con el grupo denominado Los Zetas", señaló el parte oficial rendido por las autoridades.

Al tomar control de las conexiones para la compra de cocaína en Guatemala, Treviño Morales apuntaló su poder. En Centroamérica lo acompañó un joven pistolero de 20 años llamado Daniel de Jesús Elizondo Ramírez, alias *el Loco*. En 2012 *el Loco* llegaría a ser jefe de plaza de los municipios de Cadereyta y Allende, Nuevo León. Fue capturado por el Ejército días después de que abandonó 49 cuerpos a los que les cortaron cabeza, brazos y piernas en un desolado paraje de la carretera libre Reynosa-Monterrey, a la altura del poblado San Juan. A un lado de los torsos dejaron una gran manta con un mensaje que implicaba a Lazcano Lazcano y a Treviño Morales, el cual evidenció la primera gran división en la cúpula Zeta.

NOTAS

[1] Ricardo Ravelo, *Crónicas de sangre*, México, Grijalbo, 2012, p. 101.
[2] Testimonios rendidos en las Cortes de Texas por los narcotraficantes Efrén Tavira, Alfonso Cuéllar y Héctor Moreno.
[3] Cable 07MONTERREY334_a del cónsul Luis Moreno al Departamento de Estado filtrado por WikiLeaks.
[4] Cable 09MONTERREY453_a del cónsul Bruce Williamson al Departamento de Estado filtrado por WikiLeaks.
[5] Cable 09MONTERREY284_a del cónsul Bruce Williamson al Departamento de Estado filtrado por WikiLeaks.

3

LA RUPTURA CON EL CÁRTEL DEL GOLFO

Mientras los líderes Zetas se consolidaban en sus nuevas plazas, los del CDG enfrentaban pugnas internas debido a un "paranoico *Coss*" que veía amenazado su poder. En sus filas comenzó a destacar Samuel Flores Borrego, alias *Metro 3*, jefe de plaza de Reynosa, quien se perfilaba para reemplazar al jefe en caso de que muriera o lo detuvieran. Otro heredero natural al trono por la sangre que corría en sus venas era Rafael Cárdenas Vela, *el Junior*. El sobrino de Osiel controlaba San Fernando, que se había transformado en un punto estratégico donde se almacenaban y distribuían los narcóticos provenientes de Centroamérica. Debido a los oficios de Treviño Morales, lograron que cotidianamente se enviara desde Guatemala media tonelada de cocaína vía terrestre. *El Junior* y sus hombres la recibían, la almacenaban y posteriormente la trasladaban a la frontera por carreteras y brechas.

La eficiente logística se debilitó cuando el Ejército colocó un retén al sur de San Fernando, sobre la carretera por donde pasaba la cocaína que venía desde Tampico. Cárdenas Vela tuvo que incrementar su nómina de miembros del Ejército, sin embargo, los sobornos dejaron de funcionar después de que la Sedena comenzó a rotar cada mes a los mandos en el punto de revisión. Para evadir el retén militar, el CDG construyó una discreta pista de aterrizaje en una zona aledaña a San Fernando. Pequeñas avionetas despegaban de Tampico con 500 kilos de cocaína al menos dos veces por mes.

El Junior trabajó así hasta 2009, cuando ascendió como responsable de Río Bravo. Gracias a la protección que les brindó el gobierno de Tomás Yarrington y su sucesor, Eugenio Hernández Flores, el CDG se expandió en toda la región y dividió la frontera en múltiples plazas: las principales eran Matamoros, Valle Hermoso, Reynosa, Tampico-Madero y la del propio municipio de Río Bravo.

En esa época la estructura del cártel era compacta y los jefes de plaza supervisaban todas las operaciones. Funcionaba de la siguiente manera: el capo responsable de una ciudad designaba a contadores que llevaban las finanzas del trasiego de drogas. Había uno para el contrabando de cocaína y otro para el de marihuana. Otro contador se encargaba de la nómina de sus empleados y de los sobornos a las autoridades. Uno más controlaba los pagos por cobro de piso. Cada uno entregaba su libro a un contador central que respondía al jefe de plaza. El capo revisaba la contabilidad para conocer las ganancias y dividía el dinero en dos fondos: lo que se mandaba al cártel, es decir al *Coss*, y lo que le correspondía al responsable de la plaza.[1]

Esa organización la modificaron los Zetas, ya que ellos mantenían a un ejército de colaboradores ante la diversificación de sus negocios. Su estructura incluía jefes regionales, estatales y jefes de plaza para municipios. Dividieron las ciudades en zonas con varios responsables. La zona metropolitana de Monterrey la controlaban cuatro comandantes jefes de zona. Cada uno manejaba decenas de células que a su vez se dividían en *halcones*, *estacas*, sicarios, narcomenudeo, etc. Además, tenían empresas *outsourcing* que les fabricaban uniformes, gorras, chalecos antibalas, y también modificaban y reparaban sus vehículos. Contaban con talleres mecánicos para ensamblar *monstruos* y hasta "hospitales" y funerarias. Además, controlaban las principales prisiones del noreste, donde fabricaban las famosas tablas para disciplinar a sus miembros y para torturar.

Río Bravo sobresalía en la estructura del CDG por sus dos puentes internacionales casi olvidados: el de Progreso y el de Donna, por donde cruzaban la cocaína sin dificultades debido a que tenían en su nómina a agentes del ICE, de la Patrulla Fronteriza, entre otros oficiales de Estados Unidos, según el testimonio rendido por Rafael Cárdenas Vela en el juicio celebrado en Brownsville en septiembre de 2012, cuya transcripción es pública. Ahí mismo se hallaban las tomas clandestinas para robar combustible de dos grandes ductos por los cuales se importan las gasolinas del puerto de Brownsville. La tubería entraba a Matamoros y pasaba por Río Bravo rumbo a Reynosa, desde donde se distribuía a la refinería de Cadereyta.

Gracias a que todas las autoridades del poblado estaban compradas, Costilla Sánchez vivía en Río Bravo, donde se trasladaba en una camioneta blindada sin que nadie lo molestara. Todos los días iba a desayunar a un conocido restaurante.

Río Bravo era una de las plazas que más dinero producía. Por ahí se cruzaba la mayor cantidad de droga del cártel: marihuana por el río y cocaína por los puentes. También había un espacio dedicado únicamente a cruzar migrantes.

"En la zona de Río Rico a Progreso, hay gente de ahí que se dedican exclusivamente a la tarea de cruzar personas a este lado [Texas]. Para que les permitiera trabajar, para que pudieran cruzar esas personas, me tenían que pagar el 10%", dijo *el Junior* al jurado. Por un mexicano cobraban entre 250 y 300 dólares. Los centroamericanos tenían que desembolsar entre 500 y 700. Y si la persona era de Asia o Europa la cuota subía hasta 1 500 dólares.

Adicionalmente en el pueblo de Nuevo Progreso se estableció una gran cantidad de farmacias para vender a los estadounidenses los medicamentos que estaban restringidos en su país. *El Junior* lo contó así:

Un montón de personas de Estados Unidos pasan y compran muchos de los medicamentos que no pueden tener porque necesitan una prescripción. Hay una gran cantidad de personas que compran gran cantidad de píldoras, miles y miles de medicamentos de la farmacia, en dólares. Por ejemplo, hay personas que pagan 100 mil o 200 mil. Como yo era el jefe de la plaza, me estaban pagando todos una cuota por mes. Va desde 3 mil dólares o más.

Las operaciones en Río Bravo le costaban al *Junior* un millón de dólares al mes. Eso incluía los sobornos y los salarios de su gente. Además, la compra de armas, rentas de casas de seguridad, compra de vehículos, etc. Las ganancias del trasiego de droga del CDG en esa época promediaban ocho millones de dólares mensuales. "Pagaba a los policías, a los AFIS, la PFP y la prensa. Así tengo todo controlado, toda la ciudad", agregó.

—¿Tiene el Cártel del Golfo dispositivos para sobornar a individuos en ambos lados del puente para permitir que la cocaína pase al interior de Estados Unidos? —le preguntó el fiscal al *Junior*.

—Sí —respondió.

—¿Y cómo funciona eso? Cuando se hace una operación para transportar cocaína en el puente en Estados Unidos, ¿cómo se hace ese trabajo?

—La mayoría de las veces la gente que está en el puente es corrupta, la de Aduanas, ICE y la patrulla fronteriza. Así que contactas a uno. Y luego a través de esa persona, cuando esa persona está trabajando en el puente se cruza la droga.

"Un ejemplo. Digamos que éste es el puente de Progreso. Ya hice arreglos con una persona de la patrulla fronteriza. Él me dice 'hey, *Junior*, voy a trabajar el viernes'. Así que ese día puedes enviar el coche con las drogas."

Las operaciones del CDG se coordinaban a través de mensajería encriptada con teléfonos BlackBerry, mismo sistema que usaba la cúpula Zeta. Ninguno de los altos mandos del CDG usaba el teléfono. Para hablar con Costilla Sánchez, *el Junior* pedía que le marcaran a su secretario, Mario Armando Ramírez, *Mario Pelón*.

Ante el avance del *Junior* y *Metro 3*, Costilla Sánchez trató de imponer a sus hombres más cercanos en las plazas relevantes. Ello dio pie a que la organización se dividiera entre Metros y Rojos, o Erres, por la letra con la que empezaba el apellido de varios de los colaboradores de Costilla Sánchez.

A finales de 2009 un factor externo inesperado profundizó la división del cártel, después de que Osiel Cárdenas Guillén hizo un acuerdo con las autoridades de Estados Unidos para reducir su condena. A cambio se comprometió a entregar su fortuna personal: 50 millones de dólares que estaban repartidos en efectivo, terrenos, vehículos y hasta aeronaves. El hombre designado para entregar sus bienes fue su abogado en Texas, Juan Jesús Guerrero Chapa, quien vivía en Southlake, un exclusivo suburbio de Dallas, en una residencia valuada en más de un millón 200 mil dólares.

Documentos clasificados obtenidos y publicados por el diario *Dallas Morning News* describen que Guerrero Chapa le solicitó en varias ocasiones a los altos mandos del Cártel del Golfo que pagaran dinero que le debían a Cárdenas Guillén. La mayor parte de la fortuna que se entregó a las autoridades "provino de la reserva privada de Cárdenas". "Guerrero Chapa reunía el dinero para las transferencias en al menos nueve búnkeres ubicados en residencias en Tamaulipas y Nuevo León", publicó el *Dallas*. El dinero en efectivo producto de la venta de las propiedades del capo se les entregó a agentes de la DEA cerca del puente internacional que conecta a Reynosa con McAllen.

Algunos años después, en mayo de 2013, Guerrero Chapa fue asesinado en un lujoso centro comercial de Dallas. Un expolicía que llegó a formar parte del Grupo Rudo de Mauricio Fernández, el alcalde de San Pedro, lo rastreó por medio de aparatos de alta tecnología. Tras ubicarlo, dos hombres encapuchados lo mataron. Los sicarios eran escoltas del capo de San Pedro para el cártel de los Beltrán Leyva: Rodolfo Villarreal Hernández, *el Gato*, otro expolicía que ordenó ultimar al abogado pues lo consideraba responsable de la muerte de su padre.

Las contribuciones del cártel que le dieron al abogado molestaron a los hombres cercanos al *Coss* y aumentó la irritación contra la familia Cárdenas Guillén. De esa manera se agudizó la pugna entre Metros y Rojos. Los Zetas se mantenían al margen de esa disputa. No obstante, ambos bandos los querían de su lado. Heriberto Lazcano Lazcano formaba parte del "consejo de administración", el cual integraban Jorge Costilla y Ezequiel Cárdenas Guillén.

Para finales de 2009 los Zetas ya tenían en su poder las principales ciudades de Nuevo León, Coahuila, Veracruz, Tabasco, Quintana Roo y Zacatecas. Además, habían conquistado sus propias plazas en Tamaulipas, como Nuevo Laredo, Ciudad Victoria y Mante. Operaban su propia ruta de contrabando que pasaba por Piedras Negras con montos mayores a los del CDG. El cártel había creado un Frankenstein que ya no necesitaba de sus creadores. Más bien eran ellos quienes ahora los requerían.

Lazcano, Rejón Aguilar y Treviño Morales estaban a la espera de una oportunidad para abandonar el Cártel del Golfo, y utilizaron como pretexto la muerte de su jefe de plaza en Reynosa, Víctor Peña Mendoza, *Concord 3*, presuntamente a manos de Flores Borrego, *Metro 3*.

Sicarios del CDG lo secuestraron a mediados de enero de 2010 para obligarlo a someterse a los Metros. Peña Mendoza se negó a recibir órdenes que no vinieran de Lazcano o Treviño Morales y lo asesinaron. Horas después del crimen Treviño Morales les mandó un ultimátum a Costilla y a Flores Borrego: "Entreguen a los asesinos de mi amigo, hijos de puta. Tienen hasta el 25 de enero para hacerlo. Si no cooperan, habrá guerra".

Los líderes del CDG hicieron caso omiso a las advertencias. Para finales de enero un grupo de exmilitares ingresó en Reynosa, secuestró y mató a 16 integrantes de la organización delictiva. Para el último día de febrero se decretó la cruenta guerra entre los Zetas y el CDG, la más sangrienta desde la época de la Revolución. Inició con grandes batallas en la frontera chica. En esa circunstancia, los costos de operación del CDG se dispararon. El precio de la armas aumentó. El tráfico de narcóticos y los otros negocios apenas les dejaron fondos para no perder. Las ganancias se destinaron a resistir en el conflicto.

Los pobladores de Camargo, Mier, Miguel Alemán y otros municipios que están conectados por la carretera de la Ribereña, quedaron atrapados en medio de enfrentamientos que duraban toda la noche y parte del día.

Los ejércitos en disputa se desplazaban en Hummer, Ford Lobo, X-Trail, GMC, Suburban, vehículos que únicamente se diferenciaban de los de sus rivales porque en los cristales o en las puertas tenían pintadas las siglas CDG o la letra Z. Las caravanas por bando sumaban hasta 100 camionetas con hombres armados a bordo.

Los testimonios de los habitantes de la Frontera Chica enfatizaron que las llamadas que realizaron a la 8/a zona no fueron escuchadas y que incluso patrullas del Ejército se retiraron de las zonas del conflicto.

Como los habitantes de Macondo, al día siguiente de los encontronazos, salían para descubrir cómo se había modificado su pueblo. Los escenarios variaban. La mayoría de los cuarteles de policía eran incendiados, ya que las corporaciones de la región estaban compradas por uno de los dos bandos.

Los múltiples enfrentamientos obligaron a tres cuartas partes de los habitantes del pueblo mágico de Ciudad Mier a abandonar sus viviendas. La mayoría se refugió en el municipio vecino de Miguel Alemán, donde se improvisaron escuelas, canchas y auditorios como albergues para los primeros exiliados por la narcoviolencia.

Sobre la Ribereña aparecían decenas de camionetas incendiadas. Había negocios impactados con cientos de disparos y cadáveres a los que sus compañeros no pudieron recoger. La gran mayoría de los caídos, que se contaban por cientos, eran incinerados o entregados a sus familiares con una ayuda para su funeral y una "liquidación" de al menos 10 mil pesos por los servicios prestados a la organización.

Las decenas de sicarios uniformados —unos con traje camuflado color caqui y otros con uniforme negro— se enfrentaban con armamento pesado y artefactos explosivos. Las batallas rápidamente se extendieron a otras regiones de Tamaulipas, y más tarde a estados donde operaban ambos bandos: Nuevo León, Zacatecas, Veracruz, etc.

Algunos líderes Zetas se refugiaron en Coahuila. Lazcano, Rejón Aguilar y Treviño Morales se conservaban impunes en ese estado gracias a que habían comprado a autoridades estatales, grupos de militares, policías federales, y agentes de la PGR y de la corporación municipal, según confesaron los capos Alfonso Cuéllar, Enrique Rejón Aguilar y Héctor Moreno en diversos juicios de las Cortes de Texas. Mientras tanto, en las plazas que controlaban en Tamaulipas, Nuevo León, Veracruz o Zacatecas combatían los embates del Cártel del Golfo, que pronto se alió con la Familia Michoacana y el Cártel de Sinaloa.

La única región de Coahuila donde atacaron a los Zetas fue en La Laguna. Desde el estado de Durango los Cabrera y el Cártel de Sinaloa lanzaron una ofensiva en su contra, comandados por gente de Juan Manuel Muñoz Luévano, apodado *Mono Muñoz*.

Rejón Aguilar coordinaba las ofensivas y Treviño Morales era el segundo al mando, con la tarea de supervisar el armamento y a los "soldados". Desde hacía varios meses, los Zetas habían instalado campamentos en lugares como Bustamante y Vallecillos en Nuevo León, o el Ejido Aura en Coahuila, donde capacitaron en el manejo de fusiles de asalto a cientos de jóvenes, entre pandilleros urbanos, policías municipales mal pagados y delincuentes comunes. En el adiestramiento también participaron exmilitares guatemaltecos.

En el juicio de Austin, Rejón Aguilar describió que los Zetas introducían alrededor de 40 toneladas de cocaína por año a Estados Unidos. Obtenían ingresos anuales por 350 millones de dólares. El excabo de infantería enfatizó que la mayor parte de ese dinero se fue a mantener su guerra contra el Cártel del Golfo.

El conflicto frenó durante un corto periodo las pugnas en el interior del CDG. No obstante, otro acontecimiento cimbró a la organización: la caída de Ezequiel Cárdenas a manos de la Marina el 5 de noviembre de 2010. Al filo del mediodía, integrantes de la Armada llegaron a la casa donde se encontraba en el centro de Matamoros. Sus hombres y él respondieron con fuego. Decenas de camionetas con hombres armados se movilizaron desde diferentes colonias para intentar rescatarlo. Los sicarios lanzaron granadas y luego escaparon. Aunque muchos jóvenes eran osados, sabían que enfrentarse con la Marina era suicida. Al final, sus intentos por distraer a las fuerzas especiales fracasaron.

Se dice que Ezequiel Cárdenas se volvía extremadamente violento cuando se embriagaba, y debido a ello muchos no lo querían. En consecuencia, Eduardo Costilla lo habría dejado morir, ordenando a sus hombres que se retiraran en lugar de seguir distrayendo a los marinos.

LA RUPTURA CON EL CÁRTEL DEL GOLFO

Meses después Rafael Cárdenas Vela tomó el control en Matamoros con el respaldo de Eduardo Costilla; no obstante, Cárdenas Vela sospechaba que su apoyo era en realidad una maniobra para asesinarlo y que él había entregado a su tío. Así, al asumir el poder, Cárdenas Vela lanzó una ofensiva contra los lugartenientes cercanos de Costilla: José Luis Zúñiga Hernández, *el Güicho*, Juan Roberto Rincón, *el X5*, y *el Guerra*.

Cárdenas Vela le dio 24 horas a Zúñiga Hernández para abandonar la ciudad, lo cual agudizó la división interna del cártel. Tras eludir un intento de ejecución, Zúñiga huyó a Estados Unidos con Rincón y dos hombres más. Después de cruzar la frontera fueron detenidos por agentes del ICE en una camioneta cerca del puente internacional de Los Indios. Les decomisaron cuatro bolsas con cocaína, 20 mil dólares en efectivo y una pistola Colt calibre .38, chapada de oro y con incrustaciones de rubíes y diamantes que formaban el apodo *Güicho*.

Las sospechas del sobrino de Osiel eran fundadas, ya que desde que tomó la plaza Costilla se encargó de filtrar su ubicación a los militares. "Llegué a Matamoros en marzo de 2011 —contó—, y el gobierno estaba realmente detrás de mí. Ellos me perseguían, y querían atraparme a cualquier costo. Y no podía encontrar ningún lugar para esconderme."

Las disputas en el Cártel del Golfo obligaron a Cárdenas Vela a huir de Matamoros y a refugiarse en la vecina ciudad de Brownsville; las Fuerzas Armadas constantemente encontraban sus refugios. Meses más tarde, las autoridades de Estados Unidos lo ubicaron viviendo en un rancho cerca de Río Hondo. Durante varios días lo vigilaron hasta que el 20 de octubre de 2011 montaron un operativo para detenerlo junto con otros tres amigos. El pretexto fue que se pasó un alto en Puerto Isabel, mejor conocido como la Isla del Padre.

Se declaró culpable de poseer y distribuir narcóticos a cambio de que se le retiraran los delitos de lavado de dinero e inmigración ilegal. Los registros judiciales de Estados Unidos lo identificaron como *el Comandante 900* y *Rolex*, quien dirigía a más de 500 pistoleros para controlar el tráfico de drogas y proteger cargamentos de hasta cinco toneladas de cocaína y marihuana hacia ese país.

Dos meses después de que Cárdenas Vela fuera detenido, el carismático líder de Reynosa, Flores Borrego, apareció ejecutado en el interior de una camioneta localizada a las afueras de Reynosa, junto con un agente de la Policía Ministerial. "*El Coss* mandó matar a *Metro 3* por celos", confesó el jefe de los escoltas de Jorge Costilla, un exsoldado del Ejército mexicano que coordinaba la seguridad del capo junto con un exmilitar guatemalteco y un exguerrillero colombiano.[2]

Eliminado *Metro 3* y con la captura del *Junior*, el expolicía Jorge Costilla se quedó sin rivales que le disputaran el poder. Al principio lo acompañaba otro miembro de la *familia real*: Homero Cárdenas Guillén, quien falleció al poco tiempo en Monterrey tras realizarse una cirugía estética. Lo sustituyó su hermano Mario.

En septiembre de 2012 la Marina capturó a Costilla y Mario en Tampico. Tras la caída del monarca, el CDG se dividió en pequeños y debilitados feudos, los cuales permanecen en constantes pugnas por un trono que sigue acéfalo.

Las divisiones de Cártel del Golfo ayudaron a que sus rivales lo derrotaran en varios frentes. Muy pronto les arrebataron la joya de la corona: Monterrey, donde la narcoguerra dejó como saldo más de 3 mil muertos y alrededor de 1500 desaparecidos en menos de dos años. La violencia sumergió a la ciudad en una penumbra que apagaba las sonrisas de sus habitantes, con insólitas masacres como las 52 muertes en el atentado al Casino Royale en agosto de 2011; 44 reos masacrados por un grupo de Zetas que se fugaron del Cereso de Apodaca; 49 torsos abandonados en Cadereyta y tiempo después otros 52 muertos en una riña entre grupos rivales de los Zetas en la prisión de Topo Chico.

En Tamaulipas también les ganaban las batallas militares al CDG. Para mediados de 2010 comenzaron a ganarles la contienda política. Se dice que los líderes Zetas le dieron 4.5 millones de dólares Rodolfo Torre Cantú, candidato del PRI, para financiar su campaña por la gubernatura. El dinero lo mandaron con el empresario Antonio Peña Argüelles, quien fungía como enlace de ambos cárteles con los políticos.[3]

"Antonio Peña Argüelles comenzó a trabajar con Tomás Yarrington desde aproximadamente el año 2000 o 2001, lavando el dinero proveniente de la droga que recibía Yarrington del Cártel del Golfo", indican los documentos de la corte de Texas.

Peña Argüelles, empresario de Nuevo Laredo, y su hermano mayor, Alfonso, fungieron como enlace del CDG y los Zetas con el gobernador Yarrington. Otro empresario de Matamoros, Fernando Cano Martínez, también operaba como conexión para comprarle propiedades en Texas.

Los contactos de Peña Argüelles con altos miembros del CDG eran Guadalupe Eugenio Rivera Mata, alias *el Gordo Mata*, y Juan José Muñiz Salinas, alias *Bimbo*. Rivera Mata y Muñiz Salinas eran los encargados de entregar los sobornos que pagaba Osiel Cárdenas a policías, alcaldes y al gobernador de Tamaulipas.

Para lavar los dólares del CDG, en 2005 Peña Argüelles abrió una cuenta en Banamex USA de Citigroup. Los documentos que presentó precisaban que el dinero provenía de una pequeña empresa de cría de ganado y ciervos de cola blanca en su rancho. Una semana después, Peña Argüelles transfirió siete millones de dólares desde una cuenta de Nuevo Laredo y así comenzó a manejar grandes sumas de dinero por medio de un "fondo de inversión" con el que llegó a hacer movimientos de casi 60 millones de dólares.

Los documentos públicos de la corte exponen que para las operaciones de lavado Peña Argüelles utilizaba el Falcon Bank y el International Bank of Commerce de Texas; HSBC y Banamex en Nuevo Laredo, y el Commerce Bank en California. Para 2013 la Corporación Federal de Seguro de Depósitos (FDIC) amonestó a Banamex USA por no cumplir con las normas de prevención de lavado de dinero.

Al final de su sexenio, Tomás Yarrington intentó convertirse en el candidato del PRI a la presidencia de la República. Un bloque de gobernadores lo apoyaron. Tras su fracaso en esa aventura entró de lleno en el mundo del narcotráfico: "Para finales de 2007 y hasta 2009, Yarrington se involucró directamente con el tráfico de varias toneladas de cocaína, acordó con los representantes del CDG y de los Beltrán Leyva organizar el acceso sin trabas para grandes cargas de cocaína hacia el puerto de Veracruz, a cambio de un porcentaje de cada carga", señalan las acusaciones contra el exgobernador que se presentaron en la corte de Brownsville. Los sueños de los líderes Zetas de tener a un gobernador aliado fueron coartados por Yarrington y sus aliados en la política que protegían al CDG.

En junio de 2010 un acontecimiento cimbró al país: Rodolfo Torre Cantú fue asesinado por sicarios del CDG junto con otras cuatro personas. Dos de sus colaboradores cercanos se salvaron: el exsecretario de Agricultura Enrique Martínez y Martínez y el diputado Baltazar Hinojosa Ochoa, quienes recibieron una llamada de último momento para advertirles que evitaran acompañar al candidato en su traslado al aeropuerto.

Un año después del magnicidio del candidato del PRI a la gubernatura de Tamaulipas, los Zetas descubrieron que Peña Argüelles no le había entregado sus sobornos a Torre Cantú, así que lo amenazaron para que regresara los dólares o "no habría lugar en este mundo donde pudiera esconderse".

Al hermano mayor de Peña Argüelles, Alfonso, lo torturaron y lo asesinaron. Su cuerpo apareció el 29 de noviembre de 2011 en el monumento a Cristóbal Colón de Nuevo Laredo, el sitio preferido de los Zetas para dejar los cadáveres de los personajes que ejecutaban. Lo abandonaron con un mensaje donde acusaban el robo de 4.5 millones de dólares y de "no cumplir con sus obligaciones".

La mañana de ese día Antonio Peña Argüelles recibió un mensaje en su BlackBerry de parte de Miguel Ángel Treviño Morales:

Mire, Sr. Toño, no le estamos pidiendo por un secuestro, es por el dinero que usted pidió, que era para políticos, y fueron puras mentiras. Así que es mejor que pague lo que debe. Sabemos cómo está la situación. Muy bien, no pague, como sea, a ver dónde se esconde, porque usted bien sabe que no va a tener dónde esconderse, ni usted, ni Ponchito, ni Tony. Todos están metidos, así que quédese el dinero y en su próxima vida sepa bien a quién le roba. Además, su hermano anda diciendo aquí que usted y Tomás Yarrington, junto con Costilla, mataron al candidato a la gubernatura, Rodolfo Torre Cantú, porque estaba afectando al negocio de la construcción y estaba protegido. De todas maneras, lo mataron por nada, su hermano se quedó y usted no logró nada. Y recuerde que mientras la persona esté viva en cualquier momento lo van a matar. No habrá un lugar seguro para usted, Sr. Toño, así que buena suerte. No sea pendejo y ponga atención a quién le anda robando de y sobre el candidato, fue por los negocios que usted tiene con Costilla, Tomás y Osiel Cárdenas. Su hermano también me dijo de los prestanombres que tiene con las propiedades suyas y de Osiel y sabemos que están en Laredo, Texas y San Antonio.[4]

Tras la amenaza Peña Argüelles viajó a San Antonio y se entregó a la DEA.

El magnicidio del candidato del PRI rompió momentáneamente los acuerdos que tenían los cárteles con los políticos. La presión social obligó al Estado mexicano a entregar al menos a un responsable del crimen. Así que las autoridades estatales relacionadas con el CDG señalaron con índice de fuego a los Zetas; los hicieron pasar como los responsables del asesinato.

La ofensiva del gobierno federal contra los Zetas dio pie a la detención de capos menores, como *el Rojo*, aliado del oscuro exmilitar José Alberto González Xalate, *el Paisa*, y responsable de la plaza de Ciudad Victoria. La información que circuló el gobierno estatal señalaba al *Paisa* como el autor material. El capo Zeta abandonó la capital del estado y huyó para refugiarse en un lugar seguro: San Fernando. Mientras tanto, el CDG aprovechó para reforzar los embates contra sus rivales.

NOTAS

[1] Cárdenas Vela lo dijo así en el juicio que se realizó en Brownsville: "Los jefes de plaza llevaban la contabilidad en varios libros. Digamos que hay un contador encargado del manejo de la marihuana, y hay otro contador preparándose para cobrar el pago. Hay otro contador encargado de la nómina para pagar los chicos, otro para la cocaína. Y entonces tienen que escribir todo, todo en un libro.

"Y luego, sobre todo, de esos contadores, hay otro contable, el chico principal que está a cargo de todas las cuentas.

"El encargado de toda la marihuana tiene que pasar toda la información a él. Y si quiero saber cuánto dinero está allí o cuánto se ha gastado en los gastos, el contador principal, los encargados de todos los contadores, lo llamo a él y digo: tráeme el libro. Y luego estoy mirando para comprobar el libro".

[2] Entrevista del autor con el exsoldado Fernando (se omite su apellido para proteger a su familia) realizada en el Centro de Ejecución de Sanciones de Reynosa en junio de 2016.

[3] El acercamiento del CDG con los gobernadores se estrechó durante la administración de Manuel Cavazos Lerma (1993-1999). Anteriormente los políticos eran menos relevantes para los narcos debido a que los necesitaban poco para su negocio. En tiempos pasados centraron sus esfuerzos y sobornos en comprar a jefes policiacos estatales y federales, agentes de la PGR o mandos medios del Ejército.

Desde el sexenio de Cavazos Lerma el Cártel del Golfo compró al primo del gobernador, Gilberto Lerma Plata, quien se desempeñaba como comandante de la policía estatal en Reynosa y Miguel Alemán. Lerma Plata tenía bajo su mando a los policías Samuel Flores Borrego y Aurelio *Yankee* Cano Flores, de 40 años de edad, que posteriormente se convertiría en jefe de plaza en Los Guerra, el principal punto para cruzar la droga en esa época.

La DEA sabía los detalles de ese trasiego gracias a que en ese tiempo los miembros de la organización usaban teléfonos Nextel para coordinar en clave las operaciones de narcotráfico.

La agencia antinarcóticos estableció en Houston un *wireless room* donde una empresa subcontratada monitoreó y grabó las conversaciones en español que se realizaban desde la frontera chica. La intercepción de los teléfonos se facilitó debido a que los Nextel buscaban como repetidoras las antenas de Estados Unidos en la frontera. De esa forma descubrieron que Flores Borrego coordinaba el incipiente contrabando de armas AK-47 y R-15 para el CDG.

Esas grabaciones se presentaron en las cortes de Estados Unidos cuando se juzgó a Lerma Plata y a Cano Flores. Las grabaciones ocasionaron un intenso debate en el terreno de la jurisprudencia debido a que en aquel momento los jueces no autorizaban la intervención de teléfonos fuera del país. Los fiscales argumentaron que no intervinieron teléfonos ya que la nueva tecnología les permitía escuchar las llamadas en el aire. Al final fueron aceptadas como prueba.

4 Documento de la Corte de Distrito Norte de Texas, caso 5:12-cr-00102-OLG.

4

MASACRES EN SAN FERNANDO

"Sr. Presidente Felipe Calderón: con todo respeto que se merece, deje de ayudarnos, el veneno se combate con el mismo veneno", rezaban las decenas de mantas colgadas a mediados de marzo de 2010 en puentes de la zona metropolitana de Monterrey y en otras ciudades del noreste. La firmaba la Fusión de Cárteles de México Unidos contra los Zetas, integrada por el CDG, el Cártel de Sinaloa y la Familia Michoacana.

De esa manera se anunció la ofensiva del CDG para eliminar al que fuera su brazo armado; con el respaldo de comandos que encabezaba *el Chapo* Guzmán en toda la región. Los sicarios centraron sus golpes en los negocios donde los Zetas se habían extendido: bares, centros nocturnos y los antros del Barrio Antiguo, donde cada fin de semana obtenían ganancias de 250 mil pesos por venta de droga.

Uno de los atentados más despiadados ocurrió en el Bar Sabino Gordo. Minutos antes de las 21:00 horas del 8 de julio de 2011 ocho pistoleros del CDG abrieron fuego contra un guardia y un halcón que vigilaban la entrada principal del bar ubicado en la esquina de las calles Villagrán y Carlos Salazar del primer cuadro de la ciudad. Rápidamente los hombres armados se introdujeron disparando sus poderosos cuernos de chivo. A esa hora el local se encontraba semivacío. No obstante, las balas alcanzaron a ocho clientes cuya sangre se extendió por el piso. Acto seguido juntaron a los 12 empleados que se distinguían por portar chaleco. Los hincaron sobre la sangre y los acribillaron. El saldo total: 22 personas asesinadas, un nuevo récord en los constantes asesinatos múltiples que registraba la capital de Nuevo León, pero que pronto quedó superado.

En la parte trasera del Sabino Gordo había un laboratorio donde se empaquetaba la droga que se distribuía en más de una docena de bares y *table dances* que la organización de la "última letra" controlaba en esa zona, destacando los que se ubicaban sobre la calle Villagrán.

Se realizaron ataques a los centros nocturnos de los Zetas en toda la región. En La Laguna, pistoleros del Cártel de Sinaloa abandonaban por las noches sus cómodas celdas del Cereso de Gómez Palacio, tomaban las armas de los guardias y viajaban en vehículos oficiales a Torreón para atentar contra los negocios de sus rivales. Uno de los primeros fue el Bar Ferrie, propiedad de un familiar de Manuel Muñoz Luévano, donde asesinaron a 10 jóvenes por estar en el lugar y la hora equivocados. El siguiente ataque ocurrió a mediados de mayo de 2010 durante la inauguración del Bar Juanas. El saldo: ocho muertos y 19 heridos. Dos meses después acribillaron a 17 jóvenes en Quinta Italia Inn. Los sicarios que lideraba Daniel García Ávila, *el Dany*, también incendiaron media docena de gasolineras propiedad de Muñoz Luévano, las cuales distribuían combustible robado y restablecían los vehículos de sus rivales.

En Nuevo Laredo la ofensiva alcanzó el Casino Amazonas, propiedad de Heriberto Lazcano, ubicado sobre la entrada principal a la ciudad. Otra discoteca del capo localizada en el centro de McAllen, tampoco se escapó de las balaceras.

Los Zetas respondieron con una ofensiva contra las plazas que controlaba el CDG. Una de ellas era estratégica para el contrabando de la cocaína que se enviaba desde Centroamérica: San Fernando.

La mañana del último día de marzo de 2010 unas 70 camionetas con hombres armados llegaron a San Fernando. Antes del mediodía los estruendos de granadas destruyeron negocios, las ráfagas de los cuernos de chivo y los R-15 impactaron contra las fachadas de varias casas, y el rechinar de las llantas irrumpió la tranquilidad que había disfrutado el pueblo durante décadas.

Tras la batalla, los cuerpos de los integrantes del CDG quedaron regados por los rumbos de la calle principal. Era el preludio de la barbarie que tomó posesión del pueblo al menos durante tres años. Los Zetas expulsaron a los *golfos* e impusieron una dictadura representada por la voluminosa figura de Martín Omar Estrada Luna, alias *el Kilo*, el joven que regresó de Estados Unidos para unirse al crimen organizado en los barrios de Reynosa. Ejerció su poder sobre la gente del pueblo y se volvió un asesino psicópata que impuso un reinado de terror con un ejército de 100 pistoleros y un séquito de 30 adolescentes que hacían la función de *halcones*.

En la estructura de mando que establecieron en la zona, el jefe regional era Salvador Martínez Escobedo, *la Ardilla*. Alberto González Xalate, *el Paisa*, un discreto y oscuro exmilitar que fungía como enlace en Ciudad Victoria con el gobierno de Eugenio

Hernández Flores (2005-2010), asumió en la práctica la jefatura del estado, y es señalado como uno de los que ordenó matar a los migrantes. El exsoldado Edgar Huerta Montiel, *el Wache*, fue designado como jefe de plaza y el segundo al mando era el *Comandante Kilo*, jefe de los hombres armados que se posesionaron en casas de seguridad por todo el pueblo. Además, en su nómina había 40 policías municipales.

En ese momento San Fernando registraba menos de 65 mil habitantes. A pesar de ser el principal productor de sorgo en el país, era una zona olvidada y aislada, en lo político y en lo económico.

Desde su llegada el *Comandante Kilo* se presentó como el jefe e impuso un toque de queda que obligaba a los habitantes a refugiarse en sus casas a partir de las 18:00 horas. Si necesitaban salir por alguna urgencia, tenían que pedir permiso a sus pistoleros o a los policías que vigilaban las calles solitarias.

Sobre la carretera 101 y 97, así como en los principales caminos vecinales que conectan el poblado, circulaban *estacas* para evitar que los integrantes del CDG regresaran a tomar la plaza. Desde la salida de Tampico, puerto tomado por el cártel rival, se colocaron *halcones* que vigilaban los movimientos de vehículos. En las entradas y salidas del municipio ocasionalmente se instalaban retenes con hombres que vestían uniformes clonados del Ejército y portaban cuernos de chivo.

Desde que tomaron la plaza, *el Kilo* y sus sicarios se dedicaron a eliminar a los antiguos colaboradores del CDG. Primero solicitaron las dos nóminas de la presidencia municipal: la legal y la que se había integrado desde los tiempos del *Junior*. De esa manera se enteraron de quiénes habían colaborado con la "contra".

Los siguientes días, semanas y meses, los comandos del *Kilo*, vestidos de negro y encapuchados, llegaron con fusiles AK-47 a varias viviendas, se llevaron a sus víctimas y amenazaron a las familias con regresar por ellos si denunciaban. A la mayoría la mataban y la enterraban en la zona de El Arenal, un apartado terreno que habilitaron como fosa. A otros "los enterramos donde sea", contó *el Wache* en su confesión ante la Policía Federal después de que fue detenido.

Los pobladores le confesaban sólo a sus más cercanos, en secreto y en voz baja, que ya se "habían llevado a su tío" o que ya habían "desaparecido a su hermano".

Sus historias se cuentan por cientos:

Juan Pablo, un joven que se fue a Estados Unidos desde niño, regresó deportado días antes de la Navidad. Fueron a recibirlo a la terminal su hermano Leonel de 22 años y Óscar Marín de 34 años, un cuñado que trabajaba como mecánico en la única fábrica del poblado. En la estación, *el Kilo* siempre tenía guardias vigilando.

Tras recibirlo se fueron a convivir a la colonia Tamaulipas en la periferia, donde llegaron a una casa con una entrada grande para carros. Minutos después apareció una familiar de Marín y le dijo: "Allá están unas camionetas con esas gentes, y por acá otras".

Ya tenían rodeada la casa. Repentinamente una camioneta se metió en el porche y se bajaron hombres armados, encapuchados y con los uniformes militares clonados. Mientras tanto, otras dos camionetas vigilaban desde la entrada.

Leonel se asustó e intentó refugiarse en una habitación. Lo persiguieron y lo golpearon. Cuando intentaron aprehender a los tres hombres, Juan les preguntó: "¿A mí por qué me quieren llevar?"

El tipo fornido dirigía la incursión le respondió: "Cállate, perro".
Mientras tanto, la pequeña hija de Óscar lloraba y gritaba: "No se
los lleven…" En ese momento uno de los hombres se quitó la ca-
pucha y le dijo a la mujer: "Mírame bien, perra, si hablas, regreso
por toda la familia. Si hablas, vengo y te corto la lengua y luego los
mato a todos".

Después de que se los llevaron, la esposa de Óscar le llamó a su
celular. Los sicarios le respondieron la llamada. Les preguntó por él y
respondieron: "Aquí los tenemos y los estamos investigando, si salen
limpios los dejamos libres". Nunca regresaron. *El Kilo* y sus hombres no investigaban a sus víctimas, ante la sospecha, los asesinaban.

En otra ocasión seis camionetas llegaron al ejido Francisco Villa. Los sicarios iban por un hombre que vendía discos piratas
en la plaza del pueblo. La víctima se encontraba con su hijo de
alrededor de seis años. Frente al niño lo acribillaron y luego
le dijeron: "Si hablas, venimos por ti y te hacemos lo mismo".
Desde entonces el niño no volvió a pronunciar palabras frente a
desconocidos. Sólo le hablaba en voz baja, casi susurrando, a su
abuela que lo recogió.

Los secuestros también ocurrían cotidianamente. Sobre la
carretera 101, a unos cinco kilómetros antes de llegar al pueblo,
había un bullicioso paradero con decenas de puestos de comida. En una ocasión los delincuentes llegaron por una mujer que
atendía un puesto de venta de pollos. Tenía a su bebé en los
brazos. Los sicarios se llevaron a la mujer y a la bebé la abandonaron sobre la carretera en una caja de madera para verduras.
Desde ese día su madre desapareció. La misma suerte corrieron
más de 500 familias. Los niños que se quedaron huérfanos tras

la desaparición o muerte de sus padres o familiares suman alrededor de mil.

Los empresarios más exitosos tampoco escaparon de la violencia: Erasmo Galván Zárate, a quien se le conocía como *el Gringo*, fue asesinado con armas de grueso calibre afuera de su Hotel América, ubicado en la calle principal. Su hermano, Jaime Galván Zárate, propietario de otro hotel en la Laguna Madre, fue secuestrado por los hombres de Estrada Luna.

Habitantes denunciaron que desde entonces el Hotel América quedó abandonado. Según consta en documentos oficiales del Registro de la propiedad, meses después fue adquirido por la familia del alcalde en funciones durante una de las crisis más graves de violencia: Tomás Gloria Requena.

A los desaparecidos se sumaban los caídos en los constantes enfrentamientos que producían las incursiones del CDG. La mayoría de los choques ocurría en la periferia, pero ocasionalmente los pistoleros de la *contra*, los del Golfo, burlaban los retenes, entraban en sus vehículos a toda velocidad por la calle principal y disparaban sus fusiles de asalto contra los policías y los hombres vestidos de negro. De esa forma, personas inocentes pasaron a formar parte de los daños colaterales. Tan sólo la funeraria La Paz, una de las tres del pueblo, recogía entre cinco y ocho cadáveres al día.

Los Zetas también comenzaron a cobrarles piso a los negocios, los agricultores y los pescadores de la Laguna Madre. En consecuencia, la producción de sorgo se desplomó; las pequeñas empresas que tuvieron la posibilidad, abandonaron la región. El pueblo comenzó a quedarse rápidamente sin habitantes: huyó alrededor de 10% de su población.

La fisonomía de las calles cambió. Debido a los constantes enfrentamientos, en las fachadas de las casas y los negocios se podían observar los impactos de las balas de los Kaláshnikov y los rifles de asalto R-15. Destacaba la antigua agencia de Ford en la región, la cual ya había abandonado San Fernando. Se encontraba sobre la calle principal a la entrada del pueblo. Su local mostraba las huellas del fuego que consumió su interior. En su fachada se veían decenas de orificios producidos por los impactos de bala. En el piso y en una pared había grandes hoyos causados por los estallidos de granadas.

Para evitar que la violencia se difundiera, *el Kilo* y *el Wache* reunieron a la poca prensa que trabajaba en el poblado: tres periodistas que eran corresponsales de los periódicos más importantes del estado, similares a *El Mañana* de Reynosa; *El Bravo* de Matamoros o *El Expreso* de la capital. Previamente ya los habían investigado. Tras amenazarlos junto con sus familias, les dieron un teléfono móvil para que llamaran todos los días y les consultaran cuál noticia podían publicar y cuál no. A partir de ese momento los Zetas se convirtieron en sus nuevos jefes de información o de redacción. *El Kilo* fijaba su agenda. Les ordenaba cuáles sucesos violentos debían cubrir o en cuáles no se debían parar. Les revisaban sus cámaras y ellos decidían qué fotos se podían publicar. Normalmente les permitían mandar a sus periódicos notas que hacían referencia a las derrotas del CDG.

Dos alcaldes a los que les tocó un álgido periodo de violencia estaban comprados o simplemente se transformaron en avestruz y nunca vieron nada de lo que ocurría. En el estado el gobernador hizo caso omiso a los reportes que recibió. Los pocos informes que se conocieron fueron minimizados por tratarse de un pequeño pueblo que a pocos importaba.

A finales de abril de 2010 los hombres al mando de Martínez Escobedo obtuvieron informes desde la capital del estado que los alertaron sobre la presencia de decenas de pistoleros de Sinaloa y la Familia Michoacana que viajaban por distintos medios hacia Tamaulipas para reforzar la ofensiva del CDG en su contra. *El Wache* recibió la orden de revisar los autobuses de distintas líneas que pasaban por San Fernando para buscar y matar a los pistoleros.

Testimonios recolectados para esta investigación y publicaciones en medios de comunicación coinciden en que durante al menos tres semanas de mayo, los 40 policías de la nómina se dedicaron a bajar pasajeros de líneas como ADO, Transpaís u Omnibus de México, supervisados por sicarios que se cubrían el rostro y que estaban, como de costumbre, uniformados como militares.

Algunas líneas usaban una tienda Oxxo de la calle Ruiz Cortines, la principal, como su parada. En ese lugar, a todas horas del día, los policías bajaban a hombres o mujeres jóvenes de las corridas que venían desde el sur. A los "sospechosos" los entregaban a los hombres del *Kilo*, quienes los interrogaban, les revisaban sus celulares, mensajes y llamadas. A los pasajeros provenientes de Michoacán o Sinaloa ni siquiera los interrogaban, los trasladaban en camionetas a la zona de El Arenal, donde los asesinaban y enterraban en una fosa que escarbaron con maquinaria pesada propiedad del municipio.

Las víctimas tenían el pecado de ser jóvenes. A sus captores no les importaba que fueran jornaleros, que vinieran de otros estados como Guanajuato, Querétaro o Puebla, para cruzar la frontera. Un número sospechoso en su celulares o una palabra equivocada en sus declaraciones era motivo suficiente para que los asesinaran.

Según *el Wache*, sólo revisaron seis autobuses, pero los pobladores aseguran que fueron muchos más. En varias ocasiones los camiones siguieron su marcha rumbo a la frontera tan sólo con unos cuantos pasajeros de los casi 40 que habían iniciado el viaje. Los secuestros se detuvieron hasta que los operadores hicieron huelga y solicitaron a sus empresas ya no entrar en San Fernando. Los autobuses ya no circulaban por las noches y la mayoría de las líneas dejó de parar en ese municipio.

Las acusaciones que hicieron los familiares de los desaparecidos en Tamaulipas no tuvieron respuesta. Tampoco los llamados de auxilio de los pobladores, quienes comenzaron a denunciar anónimamente a todo tipo de autoridades. Algunos ciudadanos incluso mandaron reportes a los correos de la presidencia de la República, detallando la barbarie que se registraba en San Fernando.

Algunos ciudadanos que denunciaron, recibieron respuesta de la Policía Federal sólo en una ocasión. Durante las incursiones que realizaba el Ejército, la Marina o la Policía Federal, los pistoleros Zetas desaparecían y se refugiaban en ranchos de la periferia o en sus casas de seguridad.

Durante un operativo de la Policía Federal, una madre cuyo hijo fue desaparecido por los delincuentes había guardado en su bolsa durante días una hoja en la cual denunciaba la ubicación de una de las casas de seguridad. La mujer aprovechó que dos patrullas de la Policía Federal se habían estacionado, pasó entre ambas y arrojó en su interior el papel con la denuncia. Días des-

pués un despliegue de federales, que incluyó un helicóptero, llegó a la vivienda y se llevó a unos 10 pistoleros de Estrada Luna.

Los sicarios rápidamente fueron repuestos con jovencitos
reclutados de la escuela secundaria Cebetis de San Fernando, donde *el Kilo* tenía un grupo de adolescentes que siempre
lo acompañaban y en donde conseguía a los guardias que se distribuían por los rumbos del poblado con teléfonos Nextel y móviles para reportar los movimientos de vehículos sospechosos o
la presencia de las fuerzas federales.

Los Zetas también reclutaron a decenas de pobladores para
que colaboraran con ellos. "Contrataron" un taller para que les
confeccionara los *monstruos*, los camiones blindados artesanalmente que usaban para cuidar y evitar que la *contra* les robara la
droga que se transportaba a través de los caminos vecinales.

Además establecieron una "maquiladora" textil donde se fabricaban los uniformes clonados del Ejército y sus propios atuen-
dos de color negro, así como su escudo con la insignia Z en color
rojo que se bordaba en prendas como camisetas, pantalones,
chamarras y gorras.

La tarde del 22 de agosto de 2010 los paranoicos *halcones*
que vigilaban la carretera 80 que conectaba a Tampico con la
capital del estado reportaron a sus jefes en Ciudad Victoria que
dos camiones trasladaban en su caja de redilas a decenas de
hombres jóvenes rumbo a la frontera. El reporte se transmitió a
los hombres de *la Ardilla* en San Fernando.

El joven ecuatoriano Luis Freddy Lala y sus amigos que viajaban cubiertos con una lona en los camiones doble rodada se
sintieron satisfechos al observar en una bifurcación el anuncio
en la carretera que indicaba que la ciudad de Reynosa estaba a

pocos kilómetros. Les quedaban menos de dos horas para llegar a su destino después de una larga y peligrosa travesía.

Unos pocos kilómetros antes de llegar a San Fernando, los migrantes tuvieron que descender de los vehículos, internarse y caminar por una solitaria brecha antes de volver a abordarlos, con el objeto de evadir el retén militar que se había instalado desde los tiempos en que *el Junior* controlaba el poblado.

Al filo de las 22:00 horas los vehículos tomaron una desviación en la carretera principal que les permitía evitar el pueblo. Antes de enfilar nuevamente hacia la autopista 101, un par de camionetas con las luces encendidas y con al menos una veintena de hombres armados y encapuchados les bloqueó el paso por la carretera. El retén produjo angustia en los pasajeros.

Tras identificarse como Zetas y detenerlos, se llevaron a los dos conductores. Con ellos se fue también una mujer mexicana embarazada que viajaba en la parte delantera junto con su hija. Acto seguido obligaron a los pasajeros a bajar de los vehículos y los subieron por grupos a otras camionetas. Los vehículos avanzaron pocos metros y abandonaron la carretera para tomar un camino vecinal sin pavimentar. El viaje fue tortuoso pues las camionetas se desplazaban brincando por las piedras en el camino y evadiendo vados. Durante cerca de una hora recorrieron una solitaria brecha a cuyos lados sólo se podían ver campos agrícolas abandonados. En el trayecto pudieron ver a la orilla del camino un pequeño panteón y algunas casas, la mayoría sin señales de estar habitadas.

Los largos minutos de incertidumbre concluyeron cuando las camionetas se detuvieron frente a una gran bodega abandonada. Tenía una amplia nave central con un techo derrumbado, así como dos pequeños cuartos pegados a la pared que daba al camino. La puerta de lámina roja de la nave principal lucía oxidada y con múltiples orificios, una clara indicación de que se había utilizado como blanco de tiros.

Los hombres del *Kilo* separaron a los migrantes en varios grupos. A los hombres jóvenes los reunieron en uno, y a las mujeres en otro. En ese traslado al menos dos hombres, uno salvadoreño y otro hondureño, pudieron esconderse amparados por la oscuridad sin que sus captores se dieran cuenta.

Luego los llevaron al interior de la bodega para atarles las manos por atrás con un cincho de plástico. Seleccionaron a los hombres jóvenes para llevarlos a los cuartos donde comenzaron a ser interrogados.

El primer informe que recibieron sus captores señalaba que era probable que se dirigieran a Reynosa para trabajar con *Metro 3*, ya que estaba ofreciendo mucho dinero a los migrantes para que se sumaran al CDG.

Uno a uno los jóvenes y las mujeres fueron cuestionados en una de las habitaciones: ¿para quién trabajas? ¿A dónde te diriges? Muy pronto los captores cayeron en la cuenta de que sólo eran migrantes que iban tras el sueño americano. Posteriormente les propusieron a los más jóvenes que trabajaran para ellos. Sólo uno aceptó. El resto se negó a sumarse a los Zetas. Así lo reportaron a sus jefes que se encontraban en San Fernando: *la Ardilla* y González Xalate.

La respuesta fue: "Investíguenlos bien, si van para la *contra*, mátenlos". Los capos les dieron otro argumento para asesinarlos aunque sólo fueran humildes migrantes. Si llegaban a la frontera engordarían las arcas del CDG debido a que sus familiares les "depositarían" el resto del pago acordado para entregarlos del otro lado de la frontera, por la zona de Río Rico.

Sabían que los brasileños debieron adelantar al menos 5 mil de los 10 mil dólares que le costaba el viaje. Al resto de los centroamericanos les cobrarían por cruzarlos un promedio de 2 500 dólares, que deberían pagar sus parientes en Estados Unidos.

El sádico *Kilo* ordenó a sus hombres que los metieran en la bodega. Ahí les vendaron los ojos y los hincaron pegados a las paredes. Tres sicarios fueron seleccionados para pegarle a cada uno un tiro en la cabeza con armas cortas calibre 9 mm.

Las súplicas y los llantos no tocaron el corazón de sus victimarios. Los tres elegidos caminaban y disparaban a sus víctimas. Uno a uno iban cayendo. La faena tardó varios minutos.

Al terminar la espeluznante masacre, como cualquier mortal que termina su jornada, se retiraron a descansar ya que al día siguiente debían regresar lo más pronto posible para enterrar los cadáveres.

A Freddy el disparo le entró por una parte del cuello y le salió por la mandíbula sin tocar puntos vitales. Se quedó quieto para que no lo remataran. "Nos botaron bocabajo y después, como escuché un ruido que disparaban, yo pensé que disparaban por ahí al lado, pero no. Escuché que disparó a mis amigos y luego llegó disparando a mí. Disparó a mí y mató a todos los otros", contó a las autoridades después de que lo rescataron. "Acabaron de disparar y se fueron, mataron a todos los otros. Cuando se fueron esperé dos minutos y me levanté, salí de la casa."[1]

El joven hondureño se había escondido entre la maleza, el otro salvadoreño ya había huido. Al ver salir al ecuatoriano lo ayudó a desatarse. Juntos corrieron hacia la única tenue luz que se veía a lo lejos.

"El amigo mío se separó de mí pensando que yo me iba a morir y no iba a avanzar." Al llegar a la vivienda tocó la puerta, pero sus temerosos habitantes no le quisieron brindar ayuda y sólo lo dejaron tomar un poco de agua. "Caminé, caminé con dolor, pidiendo auxilio. Nadie me quiso ayudar." Cuando comenzaba a clarear, después de caminar 17 kilómetros, llegó al cruce donde terminaba la brecha y se conectaba con la carretera. "Al caminar y caminar, se hizo de día, caminé más, como a las siete de la mañana vi a los marinos que estaban ahí."

Se presentó como ciudadano ecuatoriano y les contó a los oficiales lo que había ocurrido. "Hombres armados nos secuestraron. Los mataron a todos. No nos pidieron nada, nada. Sólo dijeron '¿quieres trabajar con nosotros?'"

Los marinos lo subieron a una camioneta y antes de darle los primeros auxilios lo llevaron al sitio donde ocurrió la matanza. Tras cerciorarse de que no mentía se trasladaron a Matamoros e internaron al ecuatoriano en un hospital.

Los marinos abandonaron la zona temerosos de que los Zetas regresaran. Pidieron refuerzos y horas después un helicóptero de la Armada sobrevolaba la bodega abandonada del ejido El Huizache y le tomaba fotografías. Desde la aeronave le avisaron a personal de infantería en el área que un grupo de unos 20 hombres armados se desplazaba en varias camionetas con los colores del Ejército.

Al observar a los marinos, los hombres del *Kilo* que habían regresado a recoger los cuerpos intentaron escapar. En la persecución se desató un intercambio de disparos que dejó a un marino y tres Zetas muertos. Tras el enfrentamiento, los efectivos de la Armada lograron detener sólo a un menor de edad. Asimismo, aseguraron cuatro camionetas con matrícula apócrifa de la Secretaría de la Defensa Nacional y un arsenal de 21 armas largas, chalecos antibalas, uniformes con camuflaje, entre otros objetos.

Ese mismo día las autoridades de la Secretaría de Marina emitieron un comunicado reportando a los 72 muertos, lo que puso a San Fernando en los ojos de todo el mundo.[2]

Las primeras reacciones nacionales e internacionales por los crímenes no intimidaron a los Zetas de San Fernando. Tenían compradas a las autoridades y estaban acostumbrados a salir impunes al cometer múltiples asesinatos, como lo hicieron con los jóvenes que bajaron de los autobuses o al desaparecer a familias completas del pueblo.

Días después de la matanza secuestraron y luego asesinaron al ministerio público de la Procuraduría de Justicia estatal, Roberto Suárez Vázquez, quien comenzaba a investigar los asesinatos. Lo mataron junto con el jefe de la policía municipal, quien acudió a la bodega sin sus órdenes y sintieron que los traicionaba.

El 26 de agosto de 2010 la Armada reportó el hallazgo de dos cadáveres a la orilla de la carretera San Fernando-Méndez. Estrada Luna ordenó a los periodistas que acudieran a cubrir el doble asesinato y que les llevaran fotos de las autoridades que estaban investigando.

La masacre dio pie a que el gobierno de Felipe Calderón enviara a militares a tomar el pueblo. La medida obligó a los Zetas a abandonar la plaza durante un tiempo. Antes de escapar, *el Kilo* intentó cobrar piso a la funeraria La Paz, la encargada de recoger los 72 cadáveres, ya que supuso que el gobierno le debería haber pagado una fortuna por ese trabajo.

Días después fuerzas especiales de la Marina se abocaron a la captura del *Wache, la Ardilla* y *el Kilo*. Gracias a su discreta manera de operar, González Xalate, *el Paisa*, ni siquiera estaba en el radar de las autoridades.

Como siempre sucede en estos casos, lo primero que hacen las fuerzas armadas es detener a los policías municipales. Capturaron a 20 de los 40 efectivos por participar con la delincuencia organizada. Catorce conservaron su puesto, pero luego renunciaron y huyeron.

Meses después Estrada Luna fue ubicado por la DEA en Ciudad Victoria. La agencia de inmediato pasó el reporte a sus aliados favoritos. En abril de 2011 el contralmirante José Luis Vergara, vocero de la Secretaría de Marina, anunció la captura de Estrada Luna junto con 11 jóvenes, cinco mujeres y seis hombres cuyas edades fluctuaban entre los 18 y los 25 años. "Intercambio de información de agencias nacionales y extranjeras llevó a la ubicación y aseguramiento del *Kilo* en la capital de dicho estado", precisó en conferencia de prensa.

El operativo en el que capturaron al capo se realizó el 14 de abril por fuerzas de élite de la Armada en el fraccionamiento Peregrinos, donde los Zetas tenían una casa de seguridad. Cuando lo detuvieron, iba acompañado por su "estado mayor": Luis Manuel Salazar Sánchez; Eber Alfredo Ahumada Banda, *el Cholo*; Julieta Marisela Almaguer Reyes; Juana Marlen Celaya Saldaña y Lucero Peña Martínez; las dos últimas de 18 años de edad.

Los siguientes días se localizaron a seis cómplices más: Miguel Ángel Hernández Hernández, *el Chimuelo*; Víctor Cuitláhuac Montoya Torres Degollado; Yezenia Vianey López Romero; Claudia Valeria Fuentes Martínez, *la Popis*; Delia Selene Rodríguez Carlos y José Eduardo González Fuentes, a quienes los marinos les decomisaron tres camionetas de lujo, seis ametralladoras, tres pistolas y 344 cartuchos útiles, además de dosis de marihuana y cocaína.

A la postre se capturaron a más Zetas implicados en las matanzas y se presentaron alrededor de 1 500 efectivos del ejército en San Fernando. Tras la llegada de los militares, el secretario de Seguridad Pública estatal firmó un convenio con las fuerzas federales para integrar una policía conformada por 100 soldados, quienes desde junio de 2011 patrullarían la ciudad e incluso realizarían tareas de agentes de tránsito.

El 1 de mayo de 2012 la Policía Federal anunció la captura en Saltillo de José Alberto González Xalate. Lo presentó como presunto coordinador regional de la organización criminal de los Zetas en Tamaulipas. Posteriormente lo investigaron por la muerte del candidato del PRI Rodolfo Torre Cantú, pero en ningún momento lo relacionaron con la masacre de los migrantes.

En octubre de 2012 la Marina aprehendió a Salvador Alfonso Martínez Escobedo, *la Ardilla*, y lo presentaron como autor intelectual de la matanza de San Fernando.

Desde la captura de los policías municipales, las autoridades descubrieron las fosas clandestinas de El Arenal. Para los primeros días de abril de 2011 ya habían iniciado la búsqueda de los cadáveres en 47 fosas. Peritos forenses de la Procuraduría de Justicia de Tamaulipas comenzaron a buscar y desenterrar los cuerpos. Un agente del ministerio público investigador de San Fernando coordinaba el operativo.

Los cuerpos localizados en las fosas eran trasladados al servicio médico forense de Matamoros. Debido al gran número, el Semefo quedó rebasado y se tuvieron que usar camiones refrigerados para almacenar los cadáveres.

Cuando se desenterró el cuerpo número 193, el ministerio público recibió la orden desde la capital del estado de no contar públicamente los cuerpos. La búsqueda terminó oficialmente con esa cantidad de víctimas. Los siguientes días sacaron al menos un centenar de cuerpos más, los cuales volvieron a enterrar, pero ahora en una fosa común del panteón municipal.

Meses después, autoridades estatales y federales regresaron a tomar muestras de ADN a esos cadáveres, en un discreto operativo que Guillermo Martínez —jefe de Comunicación del gobernador Egidio Torre Cantú— ocultó a los medios de Tamaulipas.

La salida de los Zetas de San Fernando permitió al alcalde Tomás Gloria Requena supuestamente tomar las propiedades de los empresarios víctimas de la violencia. Además, según la fama pública y testimonios de habitantes de la zona, se quedó con terrenos municipales que la organización criminal había utilizado como cementerios clandestinos.

El hotel Ancira, propiedad del empresario Erasmo Galván Zárate, ahora es propiedad de la familia de Gloria Requena. El terreno donde estaba ubicada la preparatoria Ponciano Arriaga se puso a nombre de su esposa.

La masacre de los migrantes y el descubrimiento de las fosas de El Arenal no tuvieron ninguna repercusión para el alcalde. Al contrario, el PRI lo premió al terminar su mandato convirtiéndolo en delegado de la Confederación Nacional Campesina en Veracruz, en los tiempos en que el cuestionado gobernador Javier Duarte administraba el estado.

Mientras que el exgobernador Eugenio Hernández Flores no corrió con la misma suerte, al menos en Estados Unidos. La DEA y otras dependencias descubrieron que durante su administración recibió grandes sumas de dinero, primero del CDG y, al final de su mandato, de los Zetas. Para investigarlo, el Departamento de Justicia ordenó que las dependencias organizadas en las Organized Crime Drug Enforcement Task Forces (OCDETF) formaran parte de las indagaciones contra el funcionario tamaulipeco. Era quizás la primera ocasión en que los US Marshals investigaban fuera de Estados Unidos.

En las averiguaciones participó además la División de Investigación Criminal del IRS; la Oficina de Investigaciones de Seguridad Nacional del ICE y el FBI. El centro de operaciones se ubicó en Houston, donde interceptaron llamadas, correos electrónicos y todo tipo de comunicaciones del gobernador. De esa manera encontraron que Hernández Flores recibía sobornos del crimen organizado, pero además que violaba las leyes para adjudicarse los más jugosos contratos de obra pública, por medio de una constructora que tenía en sociedad con el gobernador que lo sustituyó: Egidio Torre Cantú.

Los resultados de las investigaciones se hicieron públicos y en octubre de 2014 lo declararon prófugo de la justicia. "Eugenio Hernández ha sido identificado por la DEA como quien recibió sobornos del cártel de drogas los Zetas, una organización criminal trasnacional, a cambio de que éste tuviera la capacidad para operar sin restricciones en Tamaulipas, mientras fue gobernador", informó un fiscal de Texas.

Los sobornos fueron lavados en bancos texanos por el empresario Guillermo Flores Cordero, originario de Torreón, quien tenía cuentas en Texas con alrededor de 30 millones de dólares.

Además, el gobierno estadounidense le confiscó a Eugenio Hernández una residencia ubicada en el número 2001 de la calle Cueva de Oro, en la zona de Preserve at Lost Gold Cave, en Austin, y una propiedad localizada en el 4416 de la calle H Sur, en McAllen. La primera propiedad tiene un valor de 2 millones 700 mil dólares y la segunda de 500 mil dólares.

El exgobernador de Tamaulipas también lavó y escondió la mayor parte de su dinero ilegal en México, a través de su cuñado Óscar Gómez Guerra, a quien las autoridades fiscales investigaron por enriquecimiento ilícito. El fisco le congeló sus cuentas, pero al poco tiempo un juez le otorgó un amparo para sacar su dinero del país. Manejaba cuentas millonarias con montos superiores a los 4 mil millones de pesos en bancos mexicanos, a pesar de que sólo se desempeñó como funcionario de tercer nivel durante las administraciones de Tomás Yarrington y Eugenio Hernández.

Al término de las investigaciones, el Departamento de Justicia de Estados Unidos acusó formalmente al exgobernador de Tamaulipas y a su cuñado. Ambos llegaron a estar en la lista de los criminales buscados por la justicia estadounidense y el FBI ofrecía una recompensa por su captura.

A pesar de los señalamientos, Eugenio Hernández solía aparecer en actos políticos en Tamaulipas. Incluso se dejó ver en la sección de invitados especiales en el último informe de Egidio Torre Cantú. En la elección para gobernador de 2016 acudió a votar como cualquier ciudadano. Y en cada evento donde se

97

presentaba ofrecía improvisadas ruedas de prensa para negar las acusaciones en su contra que había en Estados Unidos. En octubre de 2017 fue detenido por agentes ministeriales en Ciudad Victoria.

NOTAS

[1] Fragmento de la declaración de Freddy Lala a las autoridades reproducida en el Informe de la Comisión Interamericana de Derechos Humanos (CIDH) "Derechos humanos de los migrantes y otras personas en el contexto de la movilidad humana en México", p. 72.

[2] Una tesis de licenciatura de la UNAM cuenta que "reporteros tamaulipecos que cubren San Fernando supieron del hecho el día 23 —al escuchar la frecuencia de radio de las patrullas de los policías municipales— y acudieron al rancho a tomar fotografías de la escena del crimen, que encontraron con cadáveres y sin resguardo ni presencia de autoridades. Pero embargaron la información durante un día: lanzaron la noticia hasta un día después de que la Marina hiciera público el hecho". Los únicos dos reporteros que estaban en San Fernando dijeron que ellos se enteraron cuando la Marina dio a conocer los hechos.

5

"ESTADO FALLIDO"

Las primeras batallas por Monterrey, entre abril y mayo de 2007, dejaron claro el nuevo poder que habían alcanzado los Zetas. Sus comandos paramilitarizados que operaban en caravanas de hasta 15 camionetas atestadas de hombres armados rápidamente eliminaron a los improvisados sicarios de Sinaloa y a los policías que los protegían.

Tomar pequeñas ciudades de Coahuila y Tamaulipas era relevante. Conquistar a la segunda metrópoli en importancia económica del país que se caracteriza por su alto desarrollo industrial, tecnológico y educativo, era una gran hazaña.

Los salvajes combates que comenzaron a registrase en importantes avenidas de los municipios conurbados y el sometimiento de la zona metropolitana de 4.5 millones de habitantes llamaron poderosamente la atención de los analistas del Departamento de Defensa de Estados Unidos, quienes meses después trazaron un aterrador futuro para el país: "México tienen la consideración de un colapso rápido y repentino… Por un conflicto interno que en los próximos años tendrá un impacto importante en la estabilidad del Estado mexicano".

Las proféticas palabras, escritas muchos años antes de que en la capital del país se reconociera la dimensión de la violencia que generaba la disputa de los cárteles por las ciudades del noreste forman parte del estudio *Joint Operating Environment* publicado en 2008 por el Pentágono. El análisis advirtió que algunas regiones de México estaban a punto de transformarse en lo que los analistas estadounidenses llamaron "Estado fallido".

Un serio impedimento para el crecimiento [de México y] América Latina sigue siendo el poder de las bandas criminales y los cárteles de la droga que corrompen, distorsionan y dañan el potencial de la región. El hecho de que las organizaciones criminales y los cárteles sean capaces de construir en la selva decenas de submarinos desechables y luego usarlos para el contrabando de cocaína, indica la enorme magnitud económica que ha alcanzado esta actividad. Esto plantea una verdadera amenaza para los intereses de seguridad nacional [...] El gobierno mexicano, sus políticos, la policía, y la infraestructura judicial están todas bajo asalto sostenido y presión por parte de bandas criminales y cárteles de la droga.[1]
"El creciente asalto por los cárteles de la droga y sus matones contra el gobierno mexicano durante los últimos años nos recuerda que un inestable México podría representar un problema de seguridad interna de inmensas proporciones para los Estados Unidos."

El estudio del Pentágono concluyó: "Cualquier descenso de México en el caos exigiría una respuesta estadounidense basada en las graves implicaciones para la seguridad nacional de Estados Unidos".

En esa época los representantes del gobierno, Patricia Espinosa, secretaria de Relaciones Exteriores y el procurador Medina-Mora, rechazaron la versión del Pentágono que se difundió en las revistas *Forbes* y *Foreign Affairs*. El procurador sólo reconoció un aumento de la violencia "atribuida al tráfico de drogas y al crimen organizado que provocó la cifra de 6290 muertos", una estadística escandalosa para el año 2008.

Los voceros de todos los partidos y columnistas oficialistas condenaron la idea de que entidades mexicanas estuvieran en la categoría de "Estado fallido" o que fueran controladas por el narcotráfico. Calificaron esas declaraciones como intenciones imperialistas de Estados Unidos. No obstante, esos mismos editorialistas que lo negaron, escasos dos años después calificaron a entidades como Guerrero, Tamaulipas o Michoacán precisamente como "Estados fallidos".

• • •

Si la guerra de 2004 en Nuevo Laredo fue minimizada por la clase política y pasó prácticamente desapercibida para la sociedad y los principales medios de comunicación de la capital del país, no ocurrió así para el Departamento de Defensa del vecino del norte.

La narcoguerra de Nuevo Laredo y la expansión de los Zetas que dejaba una estela de cientos de muertos en las ciudades que conquistaban alarmó a los servicios militares de inteligencia estadounidenses.

Los Zetas venían a poner el desorden entre las organizaciones del narcotráfico. La disputa por las plazas y las divisiones que se derivaron en los grupos criminales hizo que el incendio que consumía a Nuevo Laredo pronto se prolongara a todas las ciudades fronterizas.

Esas metrópolis se habían transformado en centros maquiladores como consecuencia de la firma del Tratado de Libre Comercio de América del Norte (TLCAN): Tijuana, Ciudad Juárez, Nuevo Laredo, Reynosa, Matamoros y Monterrey.

No era casual que los centros maquiladores fueran los primeros en incendiarse. El TLCAN agudizó durante años la perenne injusticia social y la desigualdad que caracteriza a la nación. El acuerdo obligó al gobierno mexicano a sostener bajos salarios para competir contra China en la atracción de la industria estadounidense.

Otro factor que influyó para que aumentara la violencia en la frontera fue el cambio en el patrón de consumo de los adictos estadounidenses. Unos pocos años antes de que finalizara el siglo XX, la DEA detectó que los norteamericanos que consumían drogas cambiaron la cocaína por las metanfetaminas. La preferencia por las *meths* se extendió en los primeros años del nuevo milenio. La Encuesta Nacional sobre Consumo de Drogas y de la Salud realizada en 2004 arrojó que 12 millones de estadounidenses consumían metanfetaminas, cuando la cifra apenas había alcanzado los 1.4 millones en años anteriores. Ese fenómeno modificó la manera como operaba tradicionalmente el narcotráfico desde su frontera sur y tuvo consecuencias desastrosas para México: una gran parte de la cocaína se estaba quedando en el país y su consumo se disparó hasta 1000% en algunas regiones del norte.

Así, la cocaína que ya no se vendía en Estados Unidos fue rematada en las ciudades maquiladoras y el consumo aumentó rápidamente en esa región. Además, los cárteles comenzaron a pagar parte de sus operaciones y sobornos con cocaína.

Para impulsar el consumo de cocaína, uno de los cárteles que operaba en el noreste comenzó a vender la "grapa" hasta en menos de tres dólares. En Monterrey, los giros negros, los *table dances*, controlados por grupos criminales, distribuyeron esa droga por medio de algunas de las más de 12 mil bailarinas que trabajaban en esos negocios. También reclutaron a las pandillas para su distribución, lo que ayudó a incrementar su uso.

Un sondeo realizado en 2006 en la frontera norte por la Oficina de las Naciones Unidas contra la Droga y el Delito reveló que el consumo de cocaína se había triplicado y que el mayor incremento ocurrió entre las mujeres. La encuesta también dio a conocer que la edad de los consumidores se redujo a 14 años. Como consecuencia, se disparó el narcomenudeo y las narco tienditas se multiplicaron. Las cifras oficiales así lo confirmaron. A principios de 2007 la PGR, a través de sus Unidades Mixtas de Atención al Narcomenudeo (UMAN), calculó que en el país había 4725 puntos de venta de droga. A principios de 2008 las "narcotienditas" sumaban alrededor de 10 mil y para el año siguiente se calcularon en más de 30 mil.

En otras palabras, el cambio en el patrón de consumo de drogas en Estados Unidos ocasionó que México dejara de ser trampolín para el tráfico de narcóticos y ahora también fuera alberca.

Contribuía al aumento del consumo el hecho de que ciudades como Ciudad Juárez, Tijuana o Reynosa se habían convertido en un imán para migrantes que buscaban el sueño americano y al no lograrlo se quedaban a trabajar en las maquilas. Por lo demás, una parte de la población perdió su empleo cuando diversas empresas ensambladoras finalmente decidieron irse a China.

Durante los últimos años del gobierno de Vicente Fox, en el contexto de las disputas por las plazas para vender narcóticos, se registraron 10 mil asesinatos. Principalmente de narcomenudistas y policías que estaban al servicio del cártel rival, protegiendo a las narcotienditas que crecían más rápido que los locales de Oxxo o Súper 7. A finales de ese sexenio se sacó al Ejército a las calles para frenar la creciente violencia. A pesar de ello, durante la campaña política para la sucesión presidencial de 2006 la inseguridad no fue el tema central en las propuestas de los candidatos. La clase política y los medios aún no eran conscientes de la grave situación que se había gestado en la frontera norte, y sobre todo en el noreste.

En cambio, para Estados Unidos la seguridad de la frontera se volvió una obsesión. Después de los atentados del 9/11 en Nueva York, el gobierno de George W. Bush temía una alianza entre los terroristas de Al Qaeda y los narcotraficantes, al grado que el reporte del Pentágono consideraba que armas químicas o de destrucción masiva podrían entrar en Norteamérica a través de las zonas de la frontera controladas por los narcos.

Debido a que durante la administración de Fox no se tomó en serio la amenaza terrorista en la frontera, los estadounidenses incrementaron la construcción del muro en la frontera hasta que alcanzó una longitud de casi mil kilómetros.

Para comenzar a cabildear sus preocupaciones con el próximo gobierno mexicano, el embajador de Estados Unidos, Tony Garza, se acercó al equipo de campaña de Felipe Calderón. Y sus temores tuvieron eco en el panista.

El diplomático reportó esos encuentros al Departamento de Estado destacando que Felipe Calderón "comparte nuestros puntos de vista en el tema de seguridad". "México debe aceptar que enfrenta una crisis de narcotráfico y violencia y debe reaccionar en consecuencia", señalaba la embajada en sus reportes al Departamento de Estado que se pueden consultar en el portal de WikiLeaks.

La aceptación de esos análisis por parte de Calderón incluso los llevó a considerar que se formara un cuerpo policiaco binacional para la frontera: "Estados Unidos y Canadá tienen equipos policiales conjuntos que trabajan en la frontera. ¿Por qué no con México?"

Los asesores en temas de seguridad en Washington trazaron un plan más ambicioso: reproducir en México el "exitoso" Plan Colombia con el que se "derrotó" a los poderosos cárteles de Cali y Medellín.

Desde la perspectiva del Pentágono, la guerra en el noreste mexicano alcanzaba las mismas dimensiones que la de las FARC en Colombia. Si los habitantes de Tamaulipas hubieran conocido esos informes, les habrían resultado muy acertados y razonables.

Incluso Hillary Clinton, titular del Departamento de Estado, aseguraba que los cárteles estaban generando una narcoinsurgencia en México. "Enfrentamos la creciente amenaza de una red bien organizada, una amenaza del narcotráfico que, en algunos casos, se está transformando en, o haciendo causa común, con lo que nosotros consideraríamos una *insurgencia* en México", aseguró Clinton. Sus palabras fueron criticadas en México con el mismo tono y rechazo que se hizo con el estudio del Pentágono.

La apuesta de Estados Unidos fue la intervención. Diseñaron la Iniciativa Mérida y le impusieron al gobierno mexicano un modelo militar para combatir a los narcos. Para ello solicitaron a su Congreso fondos por casi 2 300 millones de dólares que se destinaron a la capacitación de las fuerzas armadas y policías federales; en tecnología, para mejorar la inteligencia del Estado mexicano, y en equipo militar, principalmente con helicópteros Black Hawk artillados.

La intervención estadounidense dio pie a que México creara un nuevo ejército: la Policía Federal, que aumentó exageradamente sus efectivos. En el último año de Vicente Fox ese cuerpo apenas contaba con 3 mil policías. Para finales del sexenio de Felipe Calderón se transformó en un monstruo con 37 mil efectivos que devoraba casi 50% del presupuesto federal para la seguridad.

De ese modo, el secretario de Seguridad Pública, Genaro García Luna, acaparaba uno de los mayores presupuestos del gasto público. En esa circunstancia, uno de los principales inconvenientes fue el centralismo, ya que mientras García Luna ejercía un poco menos de 90% del presupuesto de seguridad, apenas 12% de la inversión en ese rubro se destinó a las entidades federativas, a pesar de que la mayoría de los delitos —alrededor de 88%— ocurría en el interior del país.[2]

Al poco tiempo de haber tomado posesión, Felipe Calderón anunció que una de las prioridades de su gobierno sería la lucha contra las organizaciones criminales. Tan sólo unas semanas antes, en septiembre de 2006, un suceso delictivo había cimbrado a la población cuando un grupo de pistoleros irrumpió en un bar del municipio de Uruapan, en Michoacán. Al entrar en el local dispararon hacia el techo. Acto seguido arrojaron en la pista de baile cinco cabezas decapitadas. Antes de irse colocaron una cartulina con un mensaje: "La familia no mata por paga. No mata mujeres, no mata inocentes, sólo muere quien debe morir, sépanlo toda la gente, esto es justicia divina". El mensaje iba dirigido a los Zetas, quienes habían llegado desde hacía un año para intentar tomar control del estratégico puerto de Lázaro Cárdenas. Las batallas por la región, principal productora de marihuana, de nuevo dejaban estelas de cientos de muertos y desaparecidos, y preparaban el terreno para que Calderón incrementara la presencia del Ejército en las calles.

El presidente ordenó el envío de miles de militares a Michoacán, poniendo en marcha de manera oficial "la guerra" contra las drogas, la cual, sabemos, contaba con todo el respaldo del gobierno de Estados Unidos.

Para 2009, someter al narcotráfico se volvió la única prioridad del gobierno de Calderón, quien argumentó que el crimen organizado se había convertido en una seria amenaza para el país y que "estaba fuera de control".

En una entrevista difundida en abril de 2009, el propio Barack Obama llegó a decir: "Los cárteles de la droga tienen mucho poder y están socavando y corrompiendo a grandes segmentos de la sociedad mexicana. Pero Calderón está encarándolos, de la misma manera que Eliot Ness enfrentó a Al Capone durante la época de la prohibición; con frecuencia eso causa más violencia, y estamos viendo que eso está aflorando".

No obstante, las alabanzas de Obama fueron mal recibidas. Hasta los líderes del PRI salieron en "defensa" del presidente mexicano. Emilio Gamboa exigió que la Secretaría de Relaciones Exteriores protestara por lo que consideraba una ofensa hacia

Felipe Calderón. "El presidente de México no ha sido nunca ni es un policía. La comparación no es buena para el país ni para el presidente de la República", argumentó Gamboa.

A la mitad del sexenio ya se habían desplegado operativos de las fuerzas armadas en varias regiones de la República. El problema de la estrategia de Calderón en entidades como Tamaulipas, Coahuila, Nuevo León, Chihuahua, Sinaloa o Michoacán era que algunos de los mandos del Ejército en esas zonas tenían ya buen tiempo trabajando para el enemigo gracias a los sobornos, pagos que fueron confesados por capos en cortes de Estados Unidos, según se lee en las transcripciones públicas de los juicios.

En Nuevo León, el responsable de coordinar la ayuda de la Iniciativa Mérida, el amable diplomático William Brownfield, decidió hacer a un lado al gobierno federal e intervenir directamente en Monterrey. Entonces obligaron al gobierno de Rodrigo Medina a limpiar la corrupta policía estatal que estaba al servicio de los Zetas. Para ello financiaron la creación de la nueva corporación Fuerza Civil. Con los fondos de la Iniciativa Mérida les compraron armamento, vehículos y se encargaron de su capacitación.

A Rodrigo Medina también lo visitaba James Steinberg, subsecretario de Estado y principal colaborador de Hillary Clinton, quien le ordenó acciones conjuntas para combatir a la delincuencia organizada. La inteligencia de Washington tenía muy claro cuáles funcionarios del gobierno, agentes de la procuraduría, jefes policiacos y mandos del Ejército se habían vendido a los grupos delincuenciales que operaban en ese momento: los hermanos Beltrán Leyva, el CDG y los Zetas.

Los cables del gobierno de Estados Unidos filtrados en Wiki-Leaks consignan que los estadounidenses monitoreaban y espiaban a funcionarios mexicanos. La DEA y otros organismos de inteligencia no se concentraron únicamente en perseguir a los capos, sino a los gobernantes que les daban protección. Los cables filtrados dejan ver que desde el bunker de la DEA en San Pedro, así como desde otras dependencias como la oficina del FBI que operaba desde el consulado de Monterrey, se hicieron intervenciones telefónicas, se revisaron correos y se vigilaron las cuentas bancarias y las actividades de altos mandos del gobierno de Nuevo León, Tamaulipas y Coahuila.

Asimismo, los estadounidenses monitorearon a las fuerzas armadas, incluyeron también a la Secretaría de Seguridad y a la PGR, ya que sabían que los cárteles tenían informantes y funcionarios que les avisaban de operativos en su contra. Al menos en dos ocasiones la PGR se negó a detener a Miguel Ángel Treviño Morales, cuando la DEA les proporcionó su ubicación o los medios para localizarlo. La primera vez ocurrió cuando la DEA les avisó que Treviño Morales estaría en una carrera clandestina de caballos en Nuevo Laredo documentó el diario *The New York Times*.

A principios de 2009, tras cinco años de expansión, los Zetas se convirtieron en el cártel más poderoso de México. Desde ese año ya actuaban al margen del CDG. Sus líderes Heriberto Lazcano Lazcano, Enrique Rejón Aguilar y Miguel Ángel Treviño Morales se reunían casi a diario y habían estrechado su amistad, a pesar de ser personalidades contrastantes: Lazcano era un lúcido estratega militar, *Mamito* un hábil y disciplinado soldado y *Z40* un ambicioso y despiadado asesino. Para esa fecha ya disfrutaban de los millones de dólares de sus ganancias. Así que también se habían convertido en socios en varios negocios.

Unos meses antes en Miguel Alemán conocieron al empresario veracruzano Francisco *Pancho* Colorado Cessa. Se los presentó Efraín Torres, el jefe de la plaza de Veracruz quien era compadre de Colorado. Ambos solían organizar carreras de potros cuarto de milla con apuestas de hasta un millón de dólares. Cierto día, en la comunidad de Villarín, en Veracruz, una de esas competencias tuvo que suspenderse pues llegaron pistoleros del CDG con la intención de asesinar a Torres, quien también era conocido como *Z14*. Tras el incidente, las carreras se trasladaron al municipio de Morelos, en Coahuila.

Los líderes Zetas también se relacionaron con otro importante hombre de negocios de Veracruz, Alejandro Barradas Lagunes, propietario de Grupo Aduanero Integral. La organización criminal usaba sus empresas para lavar dinero, en particular una casa de cambio en Monterrey.

Gracias a Pancho Colorado, quien era concesionario de Pemex, *Mamito* y los hermanos Treviño Morales se transformaron en empresarios de las carreras de caballos. Decidieron invertir su fortuna en la compra de equinos cuartos de milla, tanto en México como en Estados Unidos. Colorado fungía como intermediario en ese negocio. Los Zetas le entregaban en efectivo un millón de dólares al mes para comprar los animales y ellos pagaban por medio de su negocio ADT Petroservicios. Los capos se reunían con el empresario en su rancho Flor de María, ubicado sobre la carretera Tuxpan-Poza Rica.

Otros potros cuarto de milla los adquirieron a través de Grupo Aduanero, pero esa relación terminó pronto, cuando Barradas Lagunes intentó traicionarlos y quedarse con su dinero. Fue asesinado por órdenes de Miguel Ángel Treviño Morales.

Heriberto Lazcano se sintió atraído por el mundo empresarial donde se movía Pancho Colorado, a quien le dio la mitad de su fortuna para que la invirtiera en su compañía. De ese modo se volvió accionista de Petroservicios e incrementó su fortuna a partir de los jugosos contratos que Pemex le ofrecía al empresario veracruzano.[3]

Los caballos cuarto de milla que compraron los narcotraficantes en Estados Unidos los administraban el hermano mayor de Z40, José Treviño Morales, y su esposa Zulema por medio de una empresa que crearon con ese propósito: Tremor Enterprises, la cual operaba un extenso rancho en la ciudad de Oklahoma donde llegó a haber unos 300 caballos y yeguas que adquirieron en un periodo de dos años.

El intermediario para comprar los costosos equinos era un estadounidense de origen mexicano llamado Ramiro Villarreal, *el Gordo*, quien desde joven había desarrollado un buen instinto para seleccionar los mejores caballos.

Los cuarto de milla de los establos Zetas triunfaron en los más importantes *derbies* de Estados Unidos: *Mr. Piloto* obtuvo la victoria en el All American Futurity, el más relevante en esa categoría. *Tempting Dash* ganó en el Texas Classic Futurity. Entre todas las competencias en las que arrollaron obtuvieron ganancias "legales" por alrededor de 2.5 millones de dólares.

Sin embargo, para conseguir algunas de esas victorias los Zetas pagaron sobornos que llegaron hasta los 10 mil dólares. Gracias a ellos obtenían ventajas para sus potros, los cuales se distinguían por sus singulares nombres: *Sicario, Cártel Número Uno, Coronita Cártel* y otros por el estilo.

Mamito especificó en el juicio de Austin que pagaban a empleados de los hipódromos para que la tierra de las pistas donde corrían sus caballos estuviera más compacta y tuviera más agarre, mientras que la de sus rivales se dejaba más suelta. Además, sus jinetes usaban chicharras eléctricas ilegales para espolear a los potros. Por último, pagaban a jockeys para que chocaran a los caballos favoritos, lo que les resta aliento y como consecuencia segundos para ganar una carrera.

José Treviño Morales dejó el negocio de la construcción y se convirtió en una celebridad en los *derbies*. Muy pronto los medios especializados comenzaron a buscarlo. Los triunfos de los potros Zetas llamaron la atención del FBI y la DEA.

En septiembre de 2010 agentes de la DEA retuvieron a Ramiro Villarreal en el aeropuerto de Houston. En junio de 2012 la historia se dio a conocer en el *New York Times*:

> Los agentes lo interrogaron durante seis horas, le confiscaron el celular y lo emplazaron a una reunión días más tarde. La DEA quería que Villarreal lo ayudara a rastrear el paradero de Miguel Ángel Treviño y luego que lo atrajera a Estados Unidos. Villarreal declaró que era demasiado nervioso como para lograr que cayera en la trampa, y agregó que Miguel Ángel Treviño nunca confiaría en él lo suficiente como para seguirlo al otro lado de la frontera. Pero la DEA insistió y, asediado, Villarreal cedió, dijeron los funcionarios.

Durante el periodo en que Villarreal cooperaba con el gobierno estadounidense, se enteró de que *Z40* asistiría a una carrera en Nuevo Laredo y se lo informó a la DEA. Las autoridades mexicanas recibieron la alerta por parte de la agencia para que lo aprehendieran. No lo hicieron. Argumentaron que si intentaban detenerlo se podría desatar una balacera y mucha gente podría morir. En esa ocasión, agentes de la PGR únicamente se acercaron con discreción al capo para tomarle fotografías. Según *The New York Times*, los funcionarios de la procuraduría sobornados por los Zetas le avisaron a Treviño Morales que la DEA tenía un informante en su organización.

Al poco tiempo Treviño Morales llamó a Ramiro Villarreal a una reunión.

Se acordó un punto de reunión en Laredo, donde miembros del grupo criminal vendaron de los ojos a Villarreal y lo llevaron al desierto mexicano [...]

Miguel Ángel Treviño llegó una hora más tarde en un coche con más pistoleros y un hombre desconocido que también tenía los ojos vendados.

Z40 abrazó a Villarreal y le preguntó:

—No me vas a joder, ¿o sí, *Gordo*?

—No, por supuesto que no, *Papi* —respondió Villarreal.

Treviño le dijo que regresaba en un minuto y caminó hacia el hombre desconocido. Le quitó la venda de los ojos, le disparó en la cabeza y tiró el cadáver en un barril con ácido que se encontraba en el sitio.

Villarreal se desmayó. No sabe cuánto tiempo pasó así, pero al despertar Treviño le estaba pegando en la cara y riéndose.

—¿Qué pasa, *Gordo*? —bromeó—. ¿No puedes aguantar verme matar a alguien? La próxima vez voy a pedirte que tú lo hagas.

—No, *Papi*, dijo Villarreal. Yo no quiero que haya una próxima vez.

El traficante volvió a su auto y se marchó. A Villarreal lo llevaron de regreso a Laredo y de inmediato se puso en contacto con los agentes de la DEA suplicando que lo liberaran de su acuerdo.[4]

Le pidieron que siguiera cooperando o sería encarcelado. A comienzos de marzo de 2011, Ramiro Villarreal fue convocado de nuevo por Miguel Ángel Treviño a otra reunión. Acudió sin saber que sería la última. El 10 de marzo localizaron el automóvil de Villarreal incinerado en una zona cercana a Nuevo Laredo. El auto y su tripulante quedaron totalmente quemados. Las autoridades tomaron muestras de ADN de las cenizas para tratar de identificar sus restos.

La eliminación de Villarreal hizo que la DEA le perdiera el rastro a Miguel Ángel Treviño. Sin embargo, gracias a la cooperación del *Gordo*, el FBI intervino en Estados Unidos los teléfonos móviles de José Treviño, de su esposa Zulema y su empresa. Durante meses estuvieron grabando cientos de llamadas entre los tres hermanos Treviño Morales. Además, ya tenían localizados los depósitos y las cuentas bancarias que usaban para lavar el dinero que provenía de México.[5]

Con la autorización de un juez se habían *hackeado* las computadoras de Tremor Enterprises y consiguieron los registros de los pagos por los cuartos de milla; así como información sobre los cheques, las transferencias bancarias y el dinero en efectivo que administraba José Treviño Morales. Con esas pruebas, a mediados de 2012 arrestaron al hermano mayor de los Treviño, a su esposa y a los empleados que cuidaban los equinos. Fueron acusados de lavado de dinero junto con el empresario Pancho Colorado, quien se entregó a las autoridades en Houston.

Miguel Ángel y Omar perdieron una gran parte de su fortuna acumulada cuando los casi 300 caballos de sus establos fueron asegurados y rematados por las autoridades. *Mamito* también perdió gran parte de sus ahorros, luego de que sicarios del CDG llegaron a su rancho de Miguel Alemán y le robaron y mataron a 250 costosos potros.

La detención del hermano mayor sacó a relucir cómo se manejaban las finanzas de la organización. Se supo que los millones de dólares que ganaban se quedaban en manos de la familia Treviño Morales, lo cual produjo la primera gran división de los Zetas.

El testimonio rendido en el juicio de Austin por José Vázquez describe que la segunda vez que la DEA entregó datos a funcionarios de la Policía Federal para que detuvieran a Miguel Ángel Treviño Morales, sus informantes en esa dependencia le volvieron a comunicar que alguien de su organización lo estaba traicionando. Esa filtración desató la ira del capo. Su venganza causó la mayor masacre que ha habido en México hasta el momento.

NOTAS

[1] *Joint Operating Environment 2008*, Departamento de Defensa, p. 34.
[2] Cuando se mandaron a miles de policías federales a Tamaulipas, Michoacán, Nuevo León y otras entidades, los gastos de alojamiento y alimentación los pagaron los estados.
[3] En la época en que Heriberto Lazcano fue accionista de ADT Pretoservicios, la empresa obtuvo contratos en Pemex por más de 1 500 millones de pesos.
[4] Ginger Thompson, "Drug Family in the Winner's Circle", *The New York Times*, 12 de junio de 2012, <https://www.nytimes.com/2012/06/13/us/drug-money-from-mexico-makes-its-way-to-the-racetrack.html>.
[5] Documento de la Corte de Distrito Norte de Texas, caso 3:12-mj-255.

6

ZETAS, LOS REYES DE COAHUILA

Desde las corporaciones policiacas, pasando por el fiscal y hasta el gobernador en turno, los funcionarios estatales que recibían maletas llenas de dólares les aseguraban a los Zetas absoluta impunidad en Coahuila sobornos que fueron confesados en el juicio de San Antonio. Nadie los molestaba mientras cometían crímenes en Piedras Negras, Ciudad Acuña, Monclova, en la Región Carbonífera o los poblados de Cinco Manantiales.

En su momento Heriberto Lazcano Lazcano escogió un lugar estratégico del estado para ocultarse. Le interesaba un sitio que le permitiera escapar hacia cualquier punto cardinal en caso de un operativo. Con esa idea en mente compró un apartado y extenso rancho en las inmediaciones del kilómetro 13 de la Carretera Villa Unión-Guerrero. Lazcano estableció ahí un centro de operaciones donde se trazaron diversas rutas de narcotráfico para los Zetas y se diseñaron las estrategias de la guerra contra el CDG y las huestes del Chapo.

Para llegar a la vivienda del capo primero había que salirse de la carretera, recorrer alrededor de un kilómetro de una estrecha brecha rodeada por altos árboles, entre los que se colocaron discretas cámaras de circuito cerrado. Al llegar al rancho se podía observar una amplia residencia de estilo californiano decorada con fina madera y lujosos detalles que reflejaban el buen gusto de su antiguo dueño. El interior de la residencia central destacaba por sus acabados de caoba, con detalles de sobriedad y un elegante diseño. Su amplia cocina se equipó con los electrodomésticos más modernos. En la parte central de la sala, el exmilitar disfrutaba de una gran pantalla que se colocó sobre un mueble de fina madera diseñado para guardar cientos de películas en formato de video.

El predio contaba con caballerizas, corrales, amplias residencias, bodegas, juegos infantiles, casa de muñecas y un pequeño lago artificial donde había cocodrilos, pero ahora está seco. El lujoso espacio contrastaba con otros ranchos incautados a capos en Tamaulipas, Michoacán o incluso Sinaloa, los cuales se distinguían por un decorado de mal gusto.

Heriberto Lazcano habitó esa propiedad a partir de 2010. También tenía una lujosa residencia en la zona conocida como California a las afueras de Monclova. Se movía continuamente entre ambos sitios. Por ello la carretera 57 entre Piedras Negras y Monclova estaba plagada de *halcones* que circulaban en motos de cuatro ruedas. Ex miembros de la organización confesaron al autor que en la entrada a Monclova, en un cruce carretero cercano a su vivienda, se colocaba un retén militar con soldados y oficiales del Ejército mexicano al servicio de los Zetas.

Lazcano ocupó durante muy poco tiempo su lujoso rancho. Posteriormente pasó a manos de Omar Treviño Morales, quien había vivido durante varios años en Allende, Coahuila, donde se casó con Carolina Fernández González y nacieron sus hijos. El excabo le dejó el rancho debido a que cada vez más se involucró en el negocio del carbón.

En Monclova, Heriberto Lazcano estaba supuestamente relacionado con un poderoso empresario que, según publicaron medios de comunicación tamaulipecos, le permitió comprar tajos, minas y acaparar el carbón de los pocitos para venderlo a la Comisión Federal de Electricidad (CFE) por medio del Fideicomiso de Fomento Minero (FIFOMI), creado por la administración de Humberto Moreira. De acuerdo con las declaraciones de Héctor Moreno, José Vázquez y Alfonso Cuéllar durante el juicio contra Treviño Morales celebrado en Austin, Texas, en abril de 2013, su influyente amigo era el director general de la siderúrgica Altos Hornos de México (AHMSA): Luis Zamudio Miechielsen. Siempre según lo declarado en aquel juicio, se lo había presentado el jefe de plaza en Monclova, Luis Jesús *Pepito* Sarabia. Además de acuerdo con aquellos dichos, tenía vínculos con otro empresario, Carlos Arturo Jiménez Encinas, alias *el Plátano*, quien presuntamente se volvió el operador financiero de La Compañía en Monclova, y con dinero de los Zetas administraba una serie de negocios donde lavaban parte de sus ganancias. Jiménez Encinas controlaba la venta de cerveza y la organización de las ferias patronales en el norte de Coahuila. Entre ellas destacaba la feria de Buenaventura. Su empresa hacía negocios con el consorcio televisivo de Monterrey, Multimedios, para que se presentaran en las ferias sus exuberantes mujeres con diminuta vestimenta y "artistas" que aparecían en la barra nocturna de Canal 12. Además, operaba los talleres donde se blindaban las camionetas de la organización y creó empresas fantasma para obtener contratos con AHMSA.

Desde Monclova, Lazcano siguió acaparando minas y tajos gracias a la relación con el director de Altos Hornos, quien supuestamente lo escondía en su lujoso domicilio durante los operativos de la Marina para capturarlo. Además, se rumora que le permitió usar vehículos y una de las aeronaves de AHMSA. De esa manera el excabo cumplía su sueño de convertirse en un exitoso empresario. El negocio de carbón era de su propiedad. Le dejaba un poco menos ganancias que el narcotráfico, pero no tenía los peligros que el contrabando, al menos para los empresarios, no así para los mineros.

Después de incursionar en la minería, Lazcano formaba parte de La Compañía únicamente como "presidente honorario" del "consejo de administración". La conducción de la organización ahora corría a cargo del "director de finanzas", Miguel Ángel Treviño Morales, el "director de operaciones", Enrique Rejón Aguilar, y el "director regional" Omar Treviño Morales.

Tras tomar control sobre el norte de Coahuila, los Zetas establecieron uno de sus más grandes centros de capacitación paramilitar en una zona montañosa cercana al Ejido Aura. Ahí también escondieron a 131 reos que se fugaron del Cereso de Piedras Negras, antes de redistribuirlos para reforzar sus plazas ante el embate del CDG y los pistoleros del *Chapo*.

Desde que los extenientes y excabos formaron a la organización delictiva le imprimieron una férrea disciplina militar que les permitió operar de manera efectiva durante sus primeros dos años, tan efectiva como el propio Ejército. Se diferenciaban de las fuerzas armadas sólo por los castigos corporales. Para someter a sus miembros, los Zetas utilizaban una gruesa tabla que habían diseñado para torturar a sus rivales, víctimas o personas secuestradas. La tabla medía al menos un metro de largo, unos cinco centímetros de grosor y unos 10 centímetros de ancho, con hoyos en medio. Se fabricaron decenas de ellas en las prisiones que controlaban, particularmente la de Topo Chico, en Monterrey, el Cereso de Piedras Negras y el penal de Nuevo Laredo.

Durante los primeros dos años, cuando los líderes de la organización eran militares, funcionaba como una maquinaria criminal bien afinada. Sin embargo, las torturas, las constantes bajas ante los embates de los cárteles rivales y los bajos sueldos que recibían los soldados de tropa (ocho mil pesos al mes en promedio) poco a poco comenzaron a menguar la fuerza del grupo. Los miembros que no cumplían sus cuotas de narcomenudeo, o no pagaban completas las rentas por operar en ciertas zonas, terminaban castigados con golpes en las nalgas con la tabla. Los primeros en desertar en masa de La Compañía fueron las pandillas urbanas de Monterrey, las cuales se habían convertido en su principal fuente de reclutamiento. Las torturas a los que eran sometidos los alejaron y los acercaron al CDG, grupo que era más benevolente a la hora de castigar a sus miembros.

A la deserción de las pandillas le siguieron los delincuentes comunes que fueron atraídos por la leyenda de que *todos* los narcos poseían lujosas camionetas doble cabina, joyas, fajos de dólares para regalar y bellas mujeres. Pronto cayeron en la cuenta de que esa fábula era sólo un sueño guajiro. La realidad es que pasaban la mayoría del tiempo escondidos en casas de seguridad o en brechas, viviendo en sus camionetas y comiendo latas de atún o sopas Maruchan.

La multitud de expolicías municipales que habían dejado sus corporaciones para sumarse al crimen organizado ya estaban muertos. Fueron los primeros que ejecutaron los sicarios del *Chapo* y del CDG.

Los integrantes de la delincuencia tenían claro que el único porvenir en el horizonte era caer muertos por las balas de los grupos rivales o por las de las fuerzas armadas. Después de dos años de conflicto, que dejaba como saldo unos 80 mil muertos por año y miles de desaparecidos, los Zetas enfrentaron complicaciones para reclutar nuevos miembros. Los únicos que seguían soñando con formar parte de la poderosa organización eran los adolescentes de zonas marginadas. Las dificultades para seguir reclutando adultos ocasionaron un aumento de niños sicarios y jovencitas en la vorágine de violencia del noreste. La pérdida de los delincuentes más experimentados hizo que la organización se debilitara y que perdiera diversas batallas frente a los sicarios rivales.

Un poco antes de terminar el sexenio de Felipe Calderón, las muertes violentas comenzaron a disminuir debido a que ninguno de los bandos podía ya mantener una costosa guerra irregular que estaba causando tantas bajas como los conflictos bélicos de Oriente Medio y que incluso ejércitos regulares no podrían sostener. Sin embargo, las autoridades de todos los niveles se atribuían la reducción de los crímenes violentos asegurando que se debía a sus exitosas medidas.

Para fortalecer la estructura de la organización, los líderes planearon una serie de fugas en cárceles de toda la región para recuperar a sus integrantes presos. En el Cereso de Apodaca y en el de Piedras Negras los reos no tuvieron dificultades para escapar ya que ellos controlaban las prisiones, los guardias y sus directivos. En el caso de Piedras Negras los fugitivos salieron por la puerta grande, donde ya los esperaban camiones para llevarlos al campamento del Ejido Aura.

Otro de los factores que debilitó la estructura Zeta fueron las traiciones que condujeron a la aprehensión de los principales jefes regionales, todos ellos exmilitares fundadores. Lo que Lazcano y Rejón Aguilar desconocían era que Treviño Morales había entregado a la Policía Federal a una serie de jefes de plaza para colocar ahí a sus hombres fieles. Conspiraba junto con su hermano para quedarse solos al frente de La Compañía, la cual ya manejaba a su antojo pues era el responsable de administrar las ganancias del contrabando de cocaína. Los planes de Miguel Ángel Treviño Morales se fortalecieron cuando las plazas del noreste quedaron a cargo de su hermano Omar.

La organización se descomponía a medida que caían los exmilitares y que los sustituía la gente de *Z40*. Llegaban a los mandos regionales y locales personas menos experimentadas, y aún más sanguinarias y peligrosas. Esos nuevos jefe querían una fortuna al vapor. Debido a ello aumentaban las cuotas que debían cumplir sus miembros, quienes se lanzaban contra la población más vulnerable con tal de conseguir las metas que exigía la nueva estructura criminal.

A la conspiración de *Z40* le beneficiaba que Lazcano continuara inmerso en los negocios del carbón. Mientras tanto, Rejón Aguilar viajaba por toda la República organizando la contraofensiva contra el CDG e intentando restablecer las plazas que sufrían por las bajas ante los rivales y algunas capturas por las autoridades.

A finales de 2011 se le presentó a Miguel Ángel Treviño la gran oportunidad de deshacerse del tercero al mando de la organización. El 15 de septiembre de 2011 un par de Suburban negras blindadas que venían de Laredo con rumbo a la Ciudad de México transitaban sobre la carretera a San Luis Potosí. A bordo viajaban dos agentes del ICE, Jaime Zapata y Víctor Ávila, quienes venían a investigar cómo es que las armas de la operación Rápido y Furioso habían terminado en manos de los pistoleros del Cártel de Sinaloa. Los *halcones* que vigilaban la autopista 57 alertaron a las *estacas* que cuidaban la plaza. Creyeron que se trataba de vehículos de la *contra*, a pesar de que tenían placas diplomáticas.

Sobre el incidente el agente Ávila contó que dos vehículos a exceso de velocidad comenzaron a seguirlos. Desde su interior hombres armados abrieron fuego contra ellos. Las Suburban detuvieron su marcha cuando uno de los vehículos de los delincuentes los embistió. De inmediato los rodearon 15 pistoleros. Ávila bajó escasos centímetros el vidrio blindado para negociar e informarles que eran diplomáticos de Estados Unidos. En ese momento uno de los hombres armados logró meter el cañón de su fusil de asalto por la ventana. Acto seguido los pistoleros abrieron la puerta del lado del conductor e intentaron jalar a Jaime Zapata. Tras forcejear, los agentes lograron cerrar las puertas. Los estadounidenses le dijeron al interlocutor que les apuntaba con el arma: "Somos americanos, somos diplomáticos [...] Te vas a meter en un lío si nos hacen daño". Enseguida les mostraron los pasaportes diplomáticos. En cierto momento, Ávila logró tomar la punta del fusil e intentó sacarla, a la vez que le gritaba al conductor que arrancara. El pistolero accionó su poderosa arma, tres disparos alcanzaron a Jaime Zapata, mientras que Ávila recibió dos impactos en una pierna. El agente Zapata murió minutos después. Tras el atentado, los estadounidenses se comunicaron a la embajada y pronto llegaron decenas de efectivos de la Policía Federal.

Días después, la cacería de los sicarios implicados en el atentado rindió frutos. La organización acordó entregar a Julián Zapata Espinoza, alias *el Piolín*, quien dirigió a los hombres armados que mataron al agente del ICE.

La región de San Luis Potosí era responsabilidad de *Mamito*. En cuanto su nombre comenzó a aparecer en los medios, Treviño Morales acordó con Lazcano entregarlo. Pretendían evitar una ofensiva contra su organización debido a las crecientes presiones del gobierno estadounidense sobre los funcionarios mexicanos por la muerte del agente Zapata.

Los primeros días de julio de 2011 la Policía Federal detuvo a *Mamito* en un departamento de la Ciudad de México. *Z40* filtró su ubicación. El siguiente mando regional que entregó Treviño Morales a la Marina fue el jefe de plaza en Veracruz: Lucio Hernández Lechuga, *Lucky* o *Z100*, quien tenía una participación significativa en el trasiego de cocaína por Piedras Negras, plaza que había ayudado a consolidar y que controló durante un buen tiempo, hasta que lo removieron para nombrar a *Z42* líder regional.

Gracias a esas capturas los hermanos se quedaron prácticamente solos al frente del grupo delictivo. Les estorbaba uno más: Heriberto Lazcano. De modo que el próximo capo que entregarían a la Marina sería el más antiguo de los fundadores del grupo.

Mientras tanto, la organización se había expandido a La Laguna aliándose con un viejo conocido: Manuel Muñoz Luévano, alias *el Mono* o *el Ingeniero*. La DEA tenía identificado a este empresario de Matamoros, Coahuila, como un "lord de las drogas" que traficaba cocaína a gran escala, al grado de que podía competir con el Cártel de Sinaloa por el mercado de Estados Unidos. Por las investigaciones de la DEA se supo que Muñoz se inició en el narcotráfico en Sinaloa, adonde fue a trabajar después de estudiar agronomía en la Universidad Autónoma Agraria Antonio Narro de Coahuila.

A finales de los noventa, Muñoz y sus cómplices pasaban cocaína por Reynosa. En esa ciudad se topó con los Zetas, que la vigilaban para el CDG. Ese primer encuentro fue desastroso para el ahora "empresario". Para cruzar su droga por la frontera tamaulipeca, Muñoz pagó piso a Osiel Cárdenas. No obstante, *Z40* no estaba enterado, así que lo detuvo y lo trasladó a una casa de seguridad donde lo torturó hasta que llegó Lazcano y confirmó que tenía permiso de Osiel.

Después de un largo periodo en Sinaloa, Muñoz regresó a su natal Matamoros con una pequeña fortuna que invirtió en diversas empresas, principalmente gasolineras, en la zona metropolitana de La Laguna y en la ciudad de Saltillo.

Cuando los Zetas llegaron a Torreón como avanzada del Cártel del Golfo, lo buscaron y lo involucraron en el lavado de dinero. A partir de ese vínculo, las empresas de Muñoz se diversificaron y se extendieron a la capital de Coahuila y luego incluso hasta España.

Para esa época, principios de 2005, Coahuila estaba en efervescencia electoral por el cambio de gobierno. El PRI tenía como candidato a un carismático y querido profesor: Humberto Moreira. Para comprar protección para su grupo, Muñoz decidió invertir cuatro millones de dólares en la campaña de ese partido.

Durante la administración de Humberto Moreira, *el Ingeniero* amplió sus negocios. Muy pronto se hizo dueño de unas 20 gasolineras en todo el estado, así como de empresas de publicidad y transporte. Entre otras compañías, estuvo relacionado con el Grupo Carbugas, los bares Joy y Cuerno Quebrado y franquicias como Pappa's Grill y Vinoteca. En algunas gasolineras hizo sociedad con Gerardo Garza Melo, quien en la administración de Rubén Moreira (2011-2017) se desempeñó como secretario de Gestión Urbana, Aguas y Ordenamiento Territorial, dependencia que fue desaparecida cuando capturaron al *Mono* en España.

Muñoz también utilizó los servicios del dueño de la cadena de televisión RCG, Roberto Casimiro González Treviño, para invertir millones de dólares en bancos de Texas y operaciones *offshore*. El conductor de los noticieros de la cadena Marco Martínez Soriano también se benefició de su amistad con el "empresario" de Matamoros.

En la zona de La Laguna, Muñoz era propietario de al menos 15 gasolineras. Algunas fueron incendiadas durante la disputa entre el Cártel de Sinaloa y los Zetas en esa zona. Torreón, Matamoros y el resto de los municipios de la región lagunera fueron atacados desde el lado de Durango, ya que los sinaloenses controlaban esa entidad.

La inteligencia del Cártel de Sinaloa detectó que los vehículos de sus rivales se abastecían en esas estaciones. Además, sabían que las gasolinas que se vendían ahí, tanto Magna como Premium, eran de color blanco, tal como circulan en los ductos antes de que en las refinerías les agreguen los colorantes para diferenciarlas.

Tras identificar las estaciones del *Mono*, los sicarios que le disputaban Torreón, dirigidos por Daniel García Ávila, *el Dany*, se las quemaron y dejaron mantas en las que acusaban al capo de lavar dinero y distribuir gasolina robada por los Zetas.

En La Laguna, el grupo del *Dany* también capturó y torturó a policías colaboradores de los Zetas, quienes "confesaron" que Manuel Muñoz era un "pesado" que tenía relación con funcionarios de la fiscalía y del gobierno estatal.[1]

El grupo del *Dany* también estaba implicado en el asesinato de un colaborador cercano a Muñoz: Humberto López Pinedo, *el Charro*, quien fue secuestrado en Saltillo con su esposa e hijo. Los sicarios mataron a la pareja y al pequeño lo abandonaron en una tienda de conveniencia la noche del 19 de marzo de 2010. Tras el asesinato de su amigo, Manuel Muñoz se refugió en España.

Los torrentes de sangre que estaban bañando al río Nazas llamaron la atención de la inteligencia estadounidense. En principio, intentaron conocer la versión de las autoridades por medio del cónsul en Monterrey, Bruce Williamson, un diplomático vinculado con los servicios de inteligencia. Con esa intención el cónsul se reunió en un par de ocasiones con el gobernador Humberto Moreira.

Una de esas reuniones ocurrió el 23 de junio de 2009. En esa ocasión el profesor Humberto Moreira convocó a un cónclave al que acudieron siete generales del Ejército y dos coroneles que estaban en proceso de ser asignados como jefes policiales. También asistió el general González Barrera y el procurador Jesús Torres Charles. Por parte de Estados Unidos, asistieron el cónsul y representantes de la DEA, el ICE, el FBI y la ATF.

Moreira y Torres abrieron la reunión con un informe sobre la situación de seguridad en Coahuila. Indicaron que "los secuestros estaban en declive", aunque acotaron que las cifras no reflejaban la realidad, pues la "gran mayoría no son reportados a las autoridades".

El gobernador pretendió minimizar los hechos sangrientos de La Laguna cuando representantes de la DEA y diplomáticos de Estados Unidos lo cuestionaron. Ante la insistencia del cónsul, Moreira y Torres admitieron "que la región Laguna era problemática. Con bandas armadas que recorrían la ciudad de Torreón y sus suburbios; que los policías locales estatales en la región Laguna eran de poca utilidad, ya que los funcionarios se habían corrompido o fueron intimidados por el crimen organizado".

En su reporte al Departamento de Estado, Williamson precisó que Moreira era gobernador del PRI, mientras que en Torreón gobernaba el PAN, y que las autoridades de esa ciudad se quejaban de que "el gobierno del estado los mantiene muertos de hambre respecto a recursos para seguridad". Por lo pronto, la inteligencia de Estados Unidos tenía confirmado que el gabinete de Moreira estaba infiltrado por los Zetas y que desde la fiscalía se protegía al grupo criminal. El reporte agregaba: "La DEA está evaluando qué partes de las agencias locales, estatales y federales han sido penetradas —o son controladas— por el crimen organizado. El diálogo continuo con Coahuila permitirá esclarecer esto".[2] La respuesta de Humberto Moreira nunca llegó. Desde esa fecha evadió la relación con los diplomáticos de Monterrey.

Lo que la DEA desconocía hasta ese momento era que Miguel Ángel Treviño había mandado desde Piedras Negras 3.8 millones de dólares para el gobernador y el fiscal general.

En el juicio que se celebró en San Antonio se informó que los intermediarios para entregar el dinero fueron los hijos de Humberto Uribe Flores, quien fuera alcalde de Piedras Negras en la década de los ochenta. La Compañía los había reclutado junto con varios narcojuniors que se convirtieron en sus principales contrabandistas de cocaína.

Por conducto de uno de los hermanos en dos ocasiones se habrían enviado a Saltillo maletas con 1.8 millones de dólares para Jesús Torres Charles. Mientras que a Humberto Moreira le habrían mandado dos millones de dólares a través de su secretario particular Vicente Chaires.

Para esa época, Humberto Moreira ponía todo su empeño, voluntad y tiempo en asegurar su futuro político. Desde febrero de 2009 comenzó a viajar a San Antonio con dos de sus funcionarios de mayor confianza, su tesorero Javier Villarreal y su secretario de Desarrollo Social Jorge Torres, así como con los hermanos Roberto Casimiro y Rolando González, empresarios de medios y dueños de estaciones de radio en Monclova. Desde el lujoso club de golf Sonterra de San Antonio el gobernador y sus cómplices planearon el desvío de recursos públicos para utilizarlos en la campaña del que sería el próximo candidato del PRI: Enrique Peña Nieto.

Humberto Moreira también planeaba guardar una parte de ese fondo para ascender en el poder. Consideraba que su contribución a la campaña de Peña Nieto le aseguraría un puesto en el gabinete, aún más, que su siguiente objetivo sería la presidencia de la República.

Meses después de que fungió como intermediario para entregar las maletas con los millones de dólares a Humberto Moreira, Vicente Chaires se volvió un próspero empresario de bienes raíces en el estado vecino de Texas y también incursionó en el negocio de la radio y televisión. Además, le compró a Roberto Casimiro González una casa con un valor de 860 mil dólares y otra propiedad del sindicato de maestros.

NOTAS

[1] El comunicado oficial que se emitió tras la captura del *Dany* precisó: "A García Ávila se les atribuye la privación ilegal de la libertad de empleados del periódico *El Siglo de Torreón*, agresiones contra policías federales y municipales, además del incendio de estaciones de gasolina y otros establecimientos".

[2] Cable09MONTERREY251_a del Departamento de Estado filtrado por WikiLeaks .

7

VIOLENCIA SIN LÍMITES

En 2005, Mario Alfonso Cuéllar, ciudadano estadounidense con estudios de maestría, se refugió en Piedras Negras después de cumplir una condena por narcotráfico en su país. Cuéllar se inició en el contrabando de drogas desde los 18 años, pasando entre 50 y 100 kilos de marihuana por la frontera de ese municipio coahuilense para venderla en Dallas. El destino reunió a Cuéllar con Efrén Tavira Alvarado y con Héctor Moreno Villanueva, *el Negro*. El primero era aquel joven gerente de producción de Televisa que operaba como enlace entre traficantes y reporteros y que terminó incursionando de lleno en el negocio de las drogas ilegales por medio de sus compañeros de secundaria. El segundo, originario del pequeño poblado de Allende, pertenecía a una familia acomodada y estudió agronomía en el ITESM, aunque no terminó la carrera.

Cuando Héctor Moreno era adolescente, se le veía paseando sobre una cuatrimoto a gran velocidad por las calles del pueblo. Cuando regresó de la universidad cambió su motocicleta por una camioneta doble cabina blindada en la que siempre lo acompañaban bellas mujeres.

La familia Moreno Villanueva era dueña de empresas e inmuebles en Nava y Allende. Entre otros negocios, eran propietarios de una línea de transporte de carga; de una concesión para distribuir las marcas de la cervecería Modelo en la región y de varios ranchos con ganado fino y residencias.

Héctor Moreno estaba asociado con otro joven de Allende en el trasiego de drogas: José Luis Garza Gaytán, quien de joven se graduó en la Universidad Regiomontana de Monterrey. La familia Garza Gaytán también era dueña de comercios y ranchos.

Las operaciones de narcotráfico de Héctor Moreno tenían su centro en Allende, pero cotidianamente viajaba a Estados Unidos. En Dallas conoció a otro joven que operaba en esa ciudad: José Vázquez, quien desde los 14 años se dedicó a vender pequeñas cantidades de droga en las calles. En junio de 2002 la policía arrestó a Vázquez y cuatro años después fue liberado. Al salir, por medio de un amigo conoció a Héctor Moreno, quien lo integró a su grupo de trasiego de drogas.

Se sabe que antes de que llegaran los Zetas a la región, había traficantes como éstos que actuaban por su cuenta, les pagaban sobornos a las autoridades y operaban sin mayores sobresaltos. Sin embargo, en 2005, cuando llegaron los de la "última letra", todo cambió: tomaron la plaza y la mayoría tuvo que unirse a ellos. Galindo Mellado Cruz, *Z9*, fue el primer mando al frente de Piedras Negras. Después lo sustituyó Lucio Hernández Lechuga, *Lucky*, quien consolidó el poder en la estratégica ciudad fronteriza.

En Piedras Negras, Miguel Ángel y Omar Treviño Morales utilizaron la experiencia de Cuéllar, Moreno, Tavira, Vázquez y Garza Gaytán y los pusieron al frente de sus operaciones de contrabando de cocaína hacia Estados Unidos.

En 2005 mandaban cargamentos menores a 100 kilos de cocaína por mes. Para 2010 el contrabando aumentó hasta un promedio de 1 000 kilos mensuales. Las confesiones rendidas en los juicios de Texas detallaron que las actividades ilegales eran protegidas por mandos del Ejército, la Policía Federal, la PGR y funcionarios estatales, sobre todo de la fiscalía, quienes recibían sobornos de hasta 30 mil dólares por mes.

En Allende, Héctor Moreno recibía normalmente 500 kilos de cocaína. Se encargaba de empaquetarla de tal manera que los canes de la aduana estadounidense no pudieran olfatearla. Posteriormente se introducía en compartimentos de tráileres de 18 ruedas para cruzar la frontera.

Por su parte, Efrén Tavira recibía cada semana varios paquetes de cocaína que en promedio pesaban 30 kilos. Tenía tres casas de seguridad en Piedras Negras donde ocultaba la droga y después la colocaba en compartimentos secretos de camionetas y autos. Tavira conseguía los vehículos para que los internos de la prisión les modificaran el tanque de la gasolina. Él mismo supervisaba los transportes y los choferes.

Para llevar a cabo el contrabando, se le entregaba a un chofer el auto, dinero y un celular. Luego dejaba el vehículo estacionado en un lugar indicado con las llaves entre las llantas, en el mofle o en la toma de gasolina. A continuación Tavira llamaba por teléfono al propietario de la carga para que recogiera el vehículo. Tenía que cuidar que los dueños y los que manejaban los coches no se conocieran.

El principal responsable del trasiego de cocaína era Alfonso Cuéllar. Los capos le entregaban la droga y Cuéllar coordinaba el cruce de los cargamentos por la frontera de Estados Unidos.

En un momento dado, Cuéllar estuvo al mismo nivel que Omar Treviño Morales en la estructura de mando. Su eficiencia lo llevó a convertirse en compadre de Omar cuando nació uno de sus hijos.

A pesar de que trabajaban para ellos, los experimentados contrabandistas no se sentían parte de la "última letra". "Los que nos unimos para traficar droga no nos considerábamos Zetas. Los Zetas eran los hombres armados que andaban en camionetas vigilando la plaza y cuidando que no entrara la *contra*", dijo Tavira en el juicio de San Antonio.

Otros operadores importantes de los Zetas eran Daniel Menera Sierra y Marciano Millán Vázquez, *Chano*, contrabandistas de marihuana, quienes tenían su propio canal de distribución y traficaban sobre todo por el río Bravo.

Además del trasiego de narcóticos hacia el norte, la organización liderada por Cuéllar introducía por la frontera grandes cantidades de armamento a México, sobre todo fusiles de asalto, los cuales requerían las tropas que combatían a las huestes del *Chapo*, la Familia Michoacana y el CDG.

José Vázquez, quien en esa época tenía unos 30 años de edad, se encargaba de comprar armas con sus contactos en Dallas y otras ciudades de Texas. Recibía lotes de al menos 100 artefactos. Efrén Tavira era otro de los "correos" que importaba los mortíferos arsenales; continuamente viajaba con más de miles de dólares para adquirir fusiles AK-47 y AR-15 en el mercado negro de Estados Unidos. Uno de los hermanos de Marciano Millán era su contacto en Houston. Los lotes que compraba estaban compuestos por cerca de 70 armas largas.

Los Zetas llegaron a traficar por la frontera de Coahuila aproximadamente 8 mil armas de grueso calibre. No obstante, el mayor contrabando lo hicieron por la frontera sur, con miles de fusiles AK-47 provenientes del mercado negro de Centroamérica. En Guatemala adquirieron armamento pesado que se usó en las guerras de la región, como los misiles antiaéreos estadounidenses Sam 7 y los lanzacohetes antitanque rusos RPG-29. En las pocas ocasiones que se utilizaron en el país, los RPG-29 los maniobraron exsoldados guatemaltecos; por suerte para el gobierno mexicano nunca hubo suficiente capacitación en su manejo.

A David Alejandro Loreto Mejorado, *Comandante Enano*, jefe de los sicarios que cuidaban la región de Piedras Negras, le encantaba tomarse fotografías con su poderoso fusil lanza granadas, las cuales presumía con el harem de bellas mujeres que lo acompañaban a sus fiestas. La joven Mónica Larissa Peña Ramos, quien "poseía una belleza salvaje: de piel canela, cabello negro y ojos brillosos"[1] le conseguía adolescentes y jovencitas "bellas y frágiles". Cerca de 20 mujeres terminaron asesinadas e incineradas cuando Loreto Mejorado descubrió que algunas tenían mensajes y fotos en sus celulares de soldados del Ejército que las pretendían.

Entre otras tareas, Loreto Mejorado combatía a los sicarios del CDG que ocasionalmente les calentaban la plaza. Sus pistoleros recibían apoyo de policías municipales y estatales, situación que se documentó en el proceso celebrado en San Antonio. Cuando capturaban *contras*, los trasladaban y los metían de manera clandestina en el Cereso de Piedras Negras para deshacerse de ellos con los "cocineros".

Así como los Zetas fueron los primeros en utilizar armamento pesado contra los cárteles rivales, también fueron los primeros en perfeccionar la incineración de cadáveres. Esa práctica se incrementó cuando se dieron cuenta de que los cuerpos en fosas dejaban muchas evidencias sobre los asesinatos. En cambio, si el cuerpo desaparecía no existía delito. El Cereso de Piedras Negras se convirtió en un horno crematorio donde incineraron más de 150 cadáveres desde los primeros meses de 2009 hasta septiembre de 2012, cuando se fugaron 132 reos.

Ramón Burciaga Magallanes, *el Maga*, era el jefe de los cocineros. Burciaga tenía el privilegio de salir por las mañanas de la prisión, ir a un café a leer los periódicos y comer por las tardes en restaurantes. Al caer la noche regresaba a descansar a su celda.

Los paranoicos *halcones* del *Enano* continuamente hacían trabajar a esos cocineros en vano. Para ellos, cualquier grupo de más de cuatro jóvenes podía ser de la *contra*. En una ocasión levantaron por error a cinco sordomudos que pedían limosna a cambio de calendarios, plumas y artículos religiosos. Eran cerca de las 18:30 horas cuando hombres armados llegaron por ellos a la avenida Román Cepeda y bulevar República, en la colonia 24 de Agosto de Piedras Negras. Tras capturarlos los llevaron al Cereso para que los torturaran y los hicieran hablar. Ninguno de ellos volvió a salir. Tampoco lo hicieron algunos policías federales y decenas de rivales, así como víctimas inocentes que eran confundidas. Además, fueron incineradas al menos 11 mujeres que llegaron a amenizar las fiestas que organizaban en el interior de la prisión.

Los cuerpos de las víctimas del *Enano* también los llevaban a la prisión y en un rincón del patio quemaban los cadáveres, en grupos y de manera individual, en barriles de 200 litros. Los molares y huesos que no se consumían se metían en bolsas y después los vertían en el río San Rodrigo, a la altura del ejido El Moral, ubicado en la carretera Piedras Negras-Ciudad Acuña.[2]

La prisión también servía de refugio cuando la Marina, la única institución que no había sido sobornada, realizaba operativos para capturar a los capos. Para que no lo localizaran, Omar Treviño Morales se escondía en el Cereso.

El acoso de la Marina hizo que los hermanos Treviño buscaran refugio en Allende. Las familias Moreno y Garza Gaytán prácticamente eran dueñas de ese poblado y ahí no tenían por qué preocuparse u ocultar sus actividades ilegales.

En contraste con Piedras Negras, la tranquilidad se respiraba en Cinco Manantiales. Allende se localiza a un costado de la carretera 57, a escasos 40 kilómetros de distancia de la frontera con Estados Unidos. Estrechas carreteras lo unen con Nava, Morelos, Zaragoza, Villa Unión y Guerrero.

En los primeros años del siglo XXI era un apacible pueblo de arquitectura norestense donde vivían alrededor de 22 mil habitantes. Este pequeño sitio es el corazón de la región conocida como Cinco Manantiales, integrada por varios municipios que destacan por su verde paisaje de frondosos nogales, mientras todo alrededor es semidesértico. La llegada de los líderes Zetas suscitó un auge temporal de comercio y turismo para el pequeño poblado.

En 2009 Omar Treviño Morales formó la compañía ganadera Cinco Manantiales junto con su suegro. La empresa se convirtió en la fachada para comprar algunos caballos cuarto de milla. Para ello también se usaban algunas de las empresas de Héctor Moreno, las cuales fueron intermediarias para transferir millones de dólares, tal como ocurría con Petroservicios, de Pancho Colorado.

139

Omar seguía los pasos de su hermano mayor, quien creó una firma en Monterrey ese mismo año. La registró a nombre de su esposa Juanita del Carmen Ríos. La empresa se bautizó con la razón social Distribuidora e Importadora de Productos Médicos del Norte. El destacado notario Emilio Cárdenas Estrada, presidente del Colegio de Notarios de Nuevo León, avaló que la compañía utilizara varios domicilios falsos para su ubicación.

Algunas de las inversiones que realizaron personajes como *el Lucky* en el norte de Coahuila se hicieron por conducto de Rodrigo Uribe Tapia, hijo del exalcalde de Piedras Negras Humberto Uribe Flores. En octubre de 2009 Uribe Tapia, prestanombres para lavar dinero, estrenó el Black City Mall, ubicado a un costado de la Plaza de las Culturas de la ciudad fronteriza. El acto inaugural lo amenizó Ernesto D'Alessio. En noviembre de ese mismo año abrió en Allende el Martin Louge Bar, donde cantó el dueto Ha*Ash para celebrar la inauguración. "Los invitados a la gran apertura disfrutaron de la música en vivo y de una convivencia privada realizada como en las grandes ciudades, ahora en Allende", relataron las crónicas de sociales del diario regional *Zócalo*. Entre los invitados estuvieron Omar Treviño Morales y su esposa.

Héctor Moreno también mandó construir en el municipio de Nava un gran rancho para albergar alrededor de 300 gallos de pelea. Además, se convirtió en propietario de varias decenas de caballos cuarto de milla.

En la región el turismo aumentó cuando Miguel Ángel Treviño comenzó a organizar concurridas competencias de equinos en la pista La Ilusión del vecino municipio de Morelos. Las carreras atraían a empresarios de Monclova, Piedras Negras y de la capital de Coahuila. Entre el numeroso público se podía ver a funcionarios estatales y no pasaba desapercibida la voluminosa figura de Pancho Colorado. Los asistentes eran resguardados por decenas de pistoleros con fusiles de asalto R-15 y cuernos de chivo a la vista.

Desde Allende, Héctor Moreno les llamaba por teléfono a los conductores de los camiones y a los clientes que recogían la droga. Asimismo, se reunía de manera regular con *Z40* y *Z42*.

El narcotráfico les dejaba ganancias de unos cuatro millones de dólares cada 10 días por más de 800 kilos de droga que enviaban cada mes. Ese dinero llegaba a México escondido en tanques de combustible de los vehículos modificados en el Cereso, en billetes de todas las denominaciones, aunque la regla del contador de *Z40* y *Z42* era entregarle billetes del mayor valor posible, 20, 50 y 100 dólares.

En el juicio celebrado el 30 de abril de 2015 en Austin, José Vázquez contó cómo trasladaba los millones de dólares: "Yo y mi padre mandábamos el dinero. Metíamos el dinero en el tanque de la gasolina para enviarlo a México. El depósito de gas tiene una abertura pequeña que se puede quitar. Ponemos el dinero en bolsas selladas de plástico especial y las ponemos dentro del tanque. El problema es que el camión necesita más gasolina porque las bolsas están ahí flotando alrededor". En una semana realizaban cinco envíos de dinero. Para transportar los billetes usaban camionetas Ranger y F-150. En otras ocasiones compraban lavadoras, secadoras y refrigeradores. Abrían los compartimientos del motor y ahí colocaban el dinero.

Para llevar un orden en sus finanzas, Vázquez utilizaba libros de contabilidad, con notas de todos los movimientos de la droga.

Además, era el engranaje de la compra de armas y de las ganancias. También llegó a entregar miles de dólares para apuestas y para pagar los caballos de carrera que compraban los Treviño. En una ocasión su padre viajó a Irvin, Texas, y se encontró con José Treviño Morales en el estacionamiento de un Walmart en la calle Lake June, donde le entregó 100 mil dólares por órdenes de Héctor Moreno.

José Vázquez era el hombre orquesta que dirigía una pequeña organización en Dallas ya pesar de su importancia, los hermanos Treviño Morales y Heriberto Lazcano no lo conocían personalmente. El joven Vázquez tampoco se identificaba como Zeta, pues su lealtad en el negocio estaba con Héctor Moreno. Entre tanto, el tráfico de narcóticos se le complicó a la organización cuando en las calles de la metrópoli texana Vázquez empezó a sentir que lo vigilaban desde autos sospechosos.

NOTAS

[1] Investigación del periodista Quitzé Fernández publicada en la revista *Semanario*, del diario *Vanguardia*.

[2] Habría que revisar la similitud entre la forma de incinerar cuerpos en el Cereso de Piedras Negras y lo que supuestamente sucedió años después en el basurero de Cocula, Guerrero. Sería importante cuestionar si los expertos tenían razón al decir que con esos rudimentarios métodos no se logra quemar cadáveres. Tal vez desconocían que los Zetas tenían años incinerando cientos de personas en Tamaulipas, Nuevo León y Coahuila.

8

LA MASACRE DE ALLENDE Y CINCO MANANTIALES

"A principios del año 2010 sentí que estaba siendo vigilado. Me estaban siguiendo. Sabía que era la policía que me seguía. Yo estaba en libertad condicional, así que si me capturaban estaría mucho tiempo en prisión."

José Vázquez tenía muchos motivos para sentirse observado. Gracias al contrabando de narcóticos, cada mes obtenía por la distribución de casi mil kilos de cocaína una cantidad que fluctuaba entre 800 y 1.3 millones de dólares. Con ese dinero pagaba a un pequeño grupo de gente que trabajaba para él, donde estaba incluido su padre. También destinó una pequeña cantidad a las rentas de las casas donde se escondía la droga. Además de pagar sobornos y "todo lo que necesitábamos para hacer que mi organización funcione, el resto son mis ganancias", confesó Vázquez en el juicio de Austin.

—¿Qué hizo con esas ganancias? —le preguntó un fiscal.

—Compré coches, casas, joyas.

—¿Depositó usted algo de eso en algún banco?

—Sí, señor.

Para realizar los depósitos de miles de dólares consiguió un socio que le ayudaba a lavar el dinero. Primero le hizo un préstamo para que abriera un negocio legal. "Al mismo tiempo él me ayudaba a limpiar algo del dinero. Yo le daba dinero en efectivo y él me entregaba un cheque que depositaba en un banco."

La vigilancia de la policía a la casa de Vázquez comenzó después de que la DEA puso en marcha el operativo Too Legit to Quit [Demasiado Legítimo para Rendirse]. Gracias a esa acción se decomisaron más de 800 mil dólares escondidos en el tanque de gasolina de una camioneta. El conductor, Gilberto Moreno, dijo que trabajaba en Dallas para un hombre que sólo identificó como *el Diablo*.[1]

El agente de la DEA Richard Martínez y el fiscal federal Ernest González coordinaron el operativo. Pronto identificaron a José Vázquez como *el Diablo*; semanas después su casa estaba a punto de ser cateada por la policía.

"Mi mujer me llamó como a las 6 de la mañana. Me dijo: 'Oye, la casa está rodeada'."

Vázquez le ordenó a su esposa que destruyera todos los cuadernos con sus contactos. Le dijo que consiguiera un abogado y que si la detenían la sacaría con una fianza. Ante el acoso de la DEA, decidió viajar a México. Abandonó Dallas junto con su padre. Su esposa y su madre se quedaron en Estados Unidos. Antes de irse contrató un abogado para que defendiera a Gilberto Moreno, hermano de su amigo Héctor.

Vázquez partió a principios de 2010 sin imaginar que ya no regresaría a su fructífero negocio. Los agentes González y Martínez sintieron que perdían una gran oportunidad para conocer la estructura de los Zetas que traficaban toneladas de cocaína. No obstante, meses más tarde lo ubicaron en la frontera norte de Coahuila.

Vázquez cruzó la frontera para radicar en Ciudad Acuña y Allende. En Acuña consiguió un bar para que lo administrara su padre, José Vázquez Sr. Él decidió moverse al pueblo de Héctor Moreno. Tras su llegada se puso en comunicación con su camarada Alfonso Cuéllar. Ambos congeniaron desde su primer encuentro, al grado de que decidieron comprar una residencia para guardar la droga. Vázquez supervisaba los narcóticos que se enviaban a sus clientes en Texas; de esa manera se aseguraba de que la cocaína era de la mejor calidad. "Porque a veces nos entregaban algunas drogas que no tenían buena calidad", explicó.

Al poco tiempo de su estancia vino el desagradable encuentro con *Z40*. El sanguinario capo lo mandó levantar cuando circulaba en su auto por las tranquilas calles de Allende. A pesar de la importancia que Vázquez tenía para la organización, *Z40* pretendía intimidarlo, como acostumbraba tratar a sus súbditos. Sus hombres le marcaron el alto y le quitaron su licencia de conducir para luego llevarlo a donde se encontraba Miguel Ángel Treviño.

"Él me buscó, quería ver quién era yo. Más tarde me entero de que él ya sabía quién era yo. Sólo quería hablar. Me preguntó cuál era mi nombre y qué estaba haciendo ahí. Supongo que intentó intimidarme. Y entonces me dijo: 'tú eres el que está haciendo todo por mí en Dallas'. Dije 'sí, señor', y él dijo' de acuerdo, continúa, sigue con lo que estás haciendo'. Y me devolvió la licencia de conducir y me dejó ir."

La actitud arrogante de *Z40* molestó tanto a Vázquez que podría haber sido uno de los factores para que posteriormente decidiera lanzarse a los brazos de la DEA.

A Omar Treviño lo conoció durante una cabalgata en el pueblo. "Él estaba ahí y yo estaba con Héctor Moreno. Sólo

145

estábamos viendo montar sus caballos, cuando *Z42* se detuvo y habló con Héctor." Moreno presentó al estadounidense como su "hombre en Dallas". A Heriberto Lazcano lo conoció durante una pelea de gallos, pero no habló con él.

El joven Vázquez intercalaba su estancia entre Allende y Ciudad Acuña. A finales de 2010 el agente de la DEA y el fiscal federal que lo investigaban lograron ubicarlo en la ciudad fronteriza.

El testimonio rendido por Vázquez describe que Richard Martínez de la DEA primero lo amenazó con detener a su esposa y a su madre. El narcotraficante les respondió que dejaran en paz a su familia y les prometió que regresaría para entregarse.

Los agentes vieron una oportunidad para que contara su relación con líderes de La Compañía y que cooperara para capturarlos. Acto seguido le propusieron un acuerdo, pues estaban muy interesados en ubicar y detener a los hermanos Treviño y a Heriberto Lazcano.

Ambos agentes tenían familia en México y sabían bien que los Zetas era "una organización que estaba destruyendo todo con su avaricia y violencia".

"La DEA quería mi cooperación, y cuando decidí cooperar con ellos, querían que yo les diera los números de celular de los BlackBerry de *40*, *42* y Lazcano. Me preguntaron si podía conseguírselos."

Para evitar que la policía de Dallas lo ubicara, el desconfiado Vázquez cambiaba cada tres semanas su número de BlackBerry. Mandaba los nuevos dígitos en algunos de los paquetes de dinero. No obstante, desde su mudanza al norte de Coahuila ya no tenía esos números de contacto. Así que se los solicitó a su amigo Héctor Moreno, quien guardaba en su teléfono los 10 números que había comprado Alfonso Cuéllar para coordinar el trasiego de drogas. En su BlackBerry estaban registrados los nombres de los hermanos Treviño Morales, de Heriberto Lazcano, del *Talibán*, *Mamito*, Cuéllar y algunos otros comandantes Zetas.

Al principio Moreno se negó a dárselos. Luego accedió como pago por la ayuda que le dio a su hermano cuando lo detuvieron en Dallas conduciendo el camión con miles de dólares en el tanque de gasolina.

Vázquez entregó a la DEA la información que le pedían confiando en que se quedaría sólo en esa dependencia y que su colaboración con los agentes permanecería en secreto. Nunca se imaginó que los números telefónicos llegarían a las manos de los líderes Zetas por medio del gobierno mexicano. "Cuando les entregué esos números, el gobierno de Estados Unidos se los dio a algunos funcionarios en México, y ellos alertaron a uno de los capos. No estoy exactamente seguro de si *40* o *42* tenían un informante dentro del gobierno", confesó ante el jurado durante su juicio en Austin.

Por segunda ocasión, la DEA cometía el fatal error de darles a autoridades mexicanas la ubicación de Miguel Ángel Treviño Morales. En esa ocasión, la información se la entregaron a mandos de la Unidad de Investigaciones Sensibles de la Policía Federal. Muy pronto el hecho llegó a los oídos del desconocido informante que el crimen organizado tenía en los altos círculos de esa dependencia; enseguida alertó al líder Zeta señalando que "alguien de su organización lo estaba traicionando".

La filtración desató la cólera de Miguel Ángel Treviño Morales. La precisión de los datos indicaba que alguien muy cercano los estaba denunciando. La información sólo podría salir del "grupo de los 10" que tenían los números BlackBerry y sus respectivos *pins*. Descartó a Heriberto Lazcano y a los comandantes de la "última letra". Únicamente quedaban Alfonso Cuéllar, Héctor Moreno y José Vázquez, quienes a pesar de que trabajaban para la organización delictiva no eran Zetas.

Los tres sospechosos ya habían sido alertados. Cuéllar se dio cuenta de que algo andaba mal porque *Z40* le mandó quitar el último cargamento de cocaína que le habían entregado.

Después de que decidió colaborar con la DEA, Vázquez le contó su encuentro con los agentes estadounidenses a Héctor Moreno, quien ante el temor de que fueran detenidos, también decidió cooperar y comenzó a filtrar a agentes del ICE la ubicación de las casas de seguridad en Eagle Pass donde se escondía la cocaína. Los decomisos en la ciudad texana aumentaron la ira de los hermanos Treviño Morales. Podía ser el comienzo de la desarticulación de su estructura delictiva. Mientras tanto, Héctor Moreno alertó a Cuéllar y a Vázquez para que abandonaran la región pues "las cosas se iban a poner feo".

"Decidí dejar la ciudad y me fui lejos al interior de México. Porque yo todavía era buscado por el gobierno de Estados Unidos." José Vázquez se fue a vivir a Querétaro, aunque su padre se quedó en Ciudad Acuña.

Para escapar de la venganza de *Z40*, Alfonso Cuéllar y Héctor Moreno cruzaron la frontera con su familia más cercana en febrero de 2011. El primero se fue a Dallas donde posteriormente fue capturado. Moreno, quien huyó con sus hijos y hermanos, decidió entregarse a las autoridades confiando en recibir una pena menor gracias a su reciente colaboración con los agentes del ICE.

José Luis Garza Gaytán también cruzó la frontera con una parte de su familia. No obstante, su extendida parentela permaneció en Allende. Nunca se imaginó que la venganza de *Z40* y *Z42* se centraría sobre ellos, y que pronto esos apellidos serían borrados del pueblo.

Los hermanos Treviño aún desconocían quién los había traicionado. Lo que sí les quedaba claro es que esa traición eliminó el principal canal para el trasiego de narcóticos a gran escala hacia Estados Unidos. Los cargamentos de 500 kilos eran responsabilidad de Cuéllar, Moreno y Vázquez. Ellos también centralizaban los contactos para su distribución. Su salida de la organización representó el principio del fin de las exorbitantes ganancias por la venta de droga, y como consecuencia el derrumbe de su imperio.

La deslealtad se juntaba con las crecientes derrotas que les propinaban en importantes plazas como Monterrey los pistoleros del *Chapo* y del CDG, lo que alimentó la sed de venganza.

Z40 ordenó a David Loreto Mejorado que sus pistoleros y *halcones* detuvieran a Alfonso Cuéllar, Héctor Moreno y José Vázquez, así como a sus colaboradores más cercanos, entre ellos Garza Gaytán. Los hombres de Loreto Mejorado pronto ubicaron al papá de Vázquez, pues conocían el bar que administraba. El negocio abría a las 18:00 horas. Un sábado, el padre, de unos 55 años de edad, estaba atendiendo el local cuando a las 23:00 horas entró un grupo de hombres armados. Le pusieron una pistola en la cabeza y lo sacaron a la fuerza para subirlo a una camioneta y escapar con rumbo desconocido.

El hombre, originario de San Pedro de las Colonias y de oficio albañil, estuvo privado de su libertad durante una semana y media. Todos los días recibía una paliza para que confesara dónde estaba su hijo, así como Alfonso Cuéllar y Héctor Moreno. Después de cada tortura un pistolero Zeta le decía: "Dime dónde están y te dejaremos ir". El padre sólo alcanzaba a decirles que no sabía dónde se encontraba su vástago y que a los otros hombres ni siquiera los conocía.

A los 11 días, tras darse cuenta de que en realidad no sabía nada, sus captores decidieron dejarlo en libertad. Después de ser liberado llamó a su esposa. Su hijo le había dejado un número de teléfono con ella. "Así que llamé a mi hijo." Lo primero que le dijo fue: "Necesitas salir de ahí. Ven a donde estoy ahora". Se fue a Querétaro y se escondieron. Aún estaba herido por las palizas que le propinaron. Cuando llegó a esa ciudad, José Vázquez alquiló una casa para su padre, quien se dedicó a reponerse de sus heridas. "No pude trabajar durante casi un año."

Tras arreglar la situación de sus padres, José Vázquez viajó a Estados Unidos para entregarse a la DEA.

Con la huida de Cuéllar, Moreno y Vázquez, se desarticuló el eficiente equipo que realizaba el contrabando de cocaína a gran escala. Efrén Tavira se quedó huérfano tras el escape de su jefe Alfonso. No sabía qué estaba pasando, así que se puso a la disposición de los principales operadores para el contrabando de marihuana de los Zetas: Daniel Menera y Marciano Millán.

"Después de que escapó Poncho, comencé a trabajar con Daniel", contó Tavira en la corte de San Antonio. Sus nuevos jefes Zetas le dijeron que Cuéllar había huido, que cualquier llamada que recibiera de él se la reportara a ellos.

Mientras tanto los *halcones* del *Comandante Enano* continuaban buscando en Cinco Manantiales a Moreno, a Cuéllar y a los

Garza Gaytán. Para localizarlo, involucraron a los policías municipales que estaban a su servicio, según la confesión de Efrén Tavira en San Antonio.

Fernando Ríos Bustos, *Comandante Pala*, jefe de plaza de Allende, y uno de sus sicarios, Juan Rafael Arredondo Oviedo, *el Cubano*, tenía contacto con los efectivos relacionados con el crimen organizado a quienes ordenaron que se sumaran a la búsqueda de los familiares de Moreno y Garza Gaytán. Los policías María Guadalupe Ávalos Orozco, *la Lupe*, y Bertha Rosario Téllez, *la Chayo*, así como Ricardo Díaz Miranda, *el Richard*, y Rogelio Javier Flores Cruz, *el Paniques*, se encargaron de ubicar sus domicilios.

En esa época el cártel tenía una nómina de 61 500 pesos mensuales para pagarles a casi 40 policías municipales. Los sobornos fluctuaban desde 20 mil pesos para los jefes hasta los 500 pesos para los policías menos comprometidos. El sueldo oficial de un agente rondaba en los 6 300 pesos al mes.

En pocos días los *halcones* y los policías ubicaron direcciones de todas las familias, así como de los hombres de Cuéllar y Moreno en Cinco Manantiales, en municipios de la Región Carbonífera como Sabinas y Múzquiz, y también en las ciudades de Monclova y Piedras Negras.

La noche previa al aniversario de la expropiación petrolera, *Z40* ordenó que fueran por ellos al día siguiente. Para reforzar el amplio operativo de la captura mandó traer a pistoleros de Tamaulipas, quienes llegaron por la carretera de la Ribereña desde Nuevo Laredo.

El 18 de marzo de 2011, alrededor de las 17:30 horas, entraron en Allende provenientes de Piedras Negras 42 camionetas

151

atestadas de hombres armados escoltadas por cuatro patrullas de la policía municipal. Esa vez los pistoleros a bordo no tenían el rostro cubierto. Los lideraba el comandante Gabriel Zaragoza Sánchez, *el Flacamán*. Sus hordas estaban integradas por un pequeño ejército de unos 200 sicarios. Tomaron el pequeño poblado y cerraron las entradas y salidas que lo conectan con la autopista 57.

Tras su desembarco en el centro del pueblo se dividieron en varios grupos. Tenían una lista de aproximadamente 50 casas y siete ranchos donde sus *halcones* ubicaron a miembros de las familias Garza y Moreno; además, llevaban la dirección de la iglesia donde un joven de apellido Garza colaboraba como asistente del sacerdote.

El despliegue de decenas de hombres armados asustó a los pobladores. Impresionados tomaban a sus menores que jugaban en la calle para refugiarse en sus domicilios. Sólo se asomaban por las ventanas para observar cómo unos 10 policías municipales conducían a diversos grupos de sicarios a las casas de las familias Garza y Moreno distribuidas por todo Allende y en las carreteras aledañas.

El jefe de sicarios ordenó al resto de los policías que estaban en la corporación que se acuartelaran y no respondieran a los llamados de auxilio.

En el operativo los sicarios bloquearon con dos camionetas la pequeña central de bomberos. Pretendían incendiar las casas que buscaban. Así que les advirtieron a los hombres que se encontraban en la estación que no acudieran a las llamadas reportando incendios, o de lo contrario sus familias serían asesinadas.

Cuando un grupo de pistoleros llegó a una de las residencias de la familia Garza fueron recibidos a tiros y cayeron tres hombres armados. Acto seguido, la persona que les disparó y varios de sus familiares fueron asesinados ahí mismo.

José Alfredo Jiménez, *el Pájaro*, narró en sus declaraciones ministeriales que Germán Zaragoza Sánchez, alias *el Canelo, Comandante Pala, el Flacamán, el Cubano* y él amarraron con arneses conocidos como colas de rata a tres familiares de Luis Garza Gaytán y a dos de sus trabajadores. Después *el Pájaro* se fue a cargar gasolina para el vehículo. Cuando regresó se dio cuenta de "que ya habían llevado a otras personas que incluían a familiares y trabajadores". Entre ellos, "cuatro mujeres, las cuales eran señoras grandes, pero no podría decir sus edades, a dos niños de entre tres y cuatro años, varios chavos jóvenes de entre 13 y 18 años, más o menos, y también a varios hombres que eran de entre 30 a 55 años de edad".

Tras catear las viviendas durante varias horas, los pistoleros se llevaron a unas nueve familias que tenían el apellido Garza, eran más de 80 personas. Las subieron a las camionetas y se fueron rumbo a Villa Unión. En el kilómetro 7.5 entraron en un pequeño camino vecinal que conduce al rancho de Luis Garza. Después de bajar a sus temerosas víctimas las condujeron a la bodega donde estaba el forraje para el ganado.

Al caer la noche se retiraron del poblado, pero al día siguiente regresaron por otros.

La mañana del sábado 19 de marzo miembros de la familia Garza acudieron a la comandancia de la corporación municipal para solicitar auxilio por la desaparición de sus familiares. Los policías les dijeron que "no tenían ni gente ni armamento". Tras la negativa, decidieron visitar el rancho Los Garza donde se rumoraba que estaban sus familiares. Fue la última vez que los vieron con vida.

El segundo día, las hordas Zetas llamaron a los empleados domésticos de las familias Garza y Moreno.

Héctor Moreno supuestamente se había quedado con las ganancias del narcotráfico de los últimos meses, entre cinco y ocho millones de dólares. También se llevó consigo el libro de contabilidad donde anotaba las compras de caballos para los Zetas.

Entre las personas detenidas había decenas de albañiles que les construyeron las residencias y los ranchos a las familias de los capos de Allende. Los torturaron para que confesaran si habían construido cuartos secretos o lugares donde se podría esconder dinero, drogas o armas.

A partir del sábado y durante tres días los sicarios destruyeron paredes, techos, pisos, baños y cualquier rincón de unas 47 lujosas residencias donde sospechaban que se pudiera esconder dinero o el libro de contabilidad. Además, destruyeron e incendiaron siete ranchos.

Antes de incendiar las casas, dejaron que los habitantes del pueblo las saquearan. Los pobladores entraron en las viviendas y se llevaron lo que pudieron. Todo tipo de muebles. No dejaban nada, saquearon incluso puertas, cristales y ventanas, pisos, lavabos, regaderas, llaves de los baños, etcétera.

"Uno de los casos más recordados es el de un labriego que se llevó una elegante sala negra de piel que tuvo que poner bajo un mezquite porque su tejabán era demasiado pequeño para meterla."[2]

La amplia mansión de Luis Moreno, padre de Héctor, ubicada en el corazón del poblado a una cuadra de la presidencia municipal, fue saqueada por completo, pero no fue destruida como el resto de las viviendas. En tanto que la lujosa residencia de Héctor Moreno fue atacada con granadas y miles de disparos antes de quemarla.

Durante tres días Allende se transformó en un infierno, y las llamas se podían ver a kilómetros. Ninguna autoridad acudió al auxilio de las familias, situación que quedó asentada en los archivos de la procuraduría que entregó al Colegio de México para que elaboraran el reporte *En el desamparo*.

A menos de dos kilómetros había un destacamento militar que vigilaba la garita aduanal ubicada a la altura del kilómetro 50 de la autopista 57. Además, ahí se estacionaban patrullas de la Policía Federal de Caminos.

El 20 de marzo el jefe de la plaza, *Comandante Pala*, dirigió un comando que llegó al domicilio de otros miembros de la familia Garza, ubicado en el centro de la cabecera municipal, llevándose a tres personas en una patrulla.

Los policías Jesús Alejandro Bernal Guerrero y Guadalupe Ávalos Orozco levantaron a otro Garza con su familia, los subieron en la parte trasera de la patrulla número 8220 y los entregaron a los Zetas en un sitio a la salida de Allende.

A las 19:30 horas se registró un incendio en una bodega del rancho de Luis Garza. Los bomberos llegaron al lugar y se percataron de que había muchas personas vestidas de civil con chalecos, pasamontañas y armas largas, además de Bernal Guerrero y Ávalos Orozco. Desde el vehículo de bomberos alcanzaron a ver con vida a los detenidos. Tirados en el piso, "se veían heridos", en condiciones salvajes y humillantes. "Les gritaban y los estaban golpeando y maltratando." De un camión con redilas bajaban "tambos metálicos grandes cerca de la bodega del rancho, y se percibía un fuerte olor a diésel o gasolina". Al percatarse de la presencia de los bomberos, los Zetas los ahuyentaron y los amenazaron de muerte. "Entonces, al momento de estarnos retirando del lugar, la gente de los Zetas metió a la bodega grande a toda la familia Garza", concluye el relato de un bombero a las autoridades.

La declaración ministerial del *Pájaro* precisó algunos detalles sobre la masacre: 10 sicarios sacaron de la casa a los detenidos y los llevaron caminando al interior de una bodega cercana a la casa. Ahí los mataron "disparándoles en la cabeza". Miguel Ángel y Omar Treviño Morales estuvieron presentes durante la desaparición de los cadáveres en el rancho Los Garza.

Once cocineros se encargaron de desaparecer los cuerpos. Para incinerarlos primero realizaron agujeros en los costados de los barriles, colocaron los cuerpos en el interior y los rociaron con diésel y gasolina mientras los consumía el fuego. Los responsables de esa operación conservan el fuego rociando pequeñas cantidades de combustible a los toneles durante varias horas.

"Después de cinco o seis horas se cocinaron los cuerpos, sólo quedaba pura mantequilla." Echaron los huesos que no se consumieron y molares en una acequia y en un pozo para que "no se viera nada", confiesa un sicario. "Las cenizas son enterradas en un pozo que se tapa con tierra y es aplanado para no dejar rastro."

Según *el Pájaro*, la bodega del rancho Los Garza estaba repleta de pastura, por lo que los criminales sólo rociaron a la mayoría de los cuerpos con combustible y prendieron fuego, alimentándolo durante toda la noche hasta que los cuerpos desaparecieron.

La intensidad del incendio fue tan alta que consumió el techo de la bodega y se derrumbó. Debido a que usaron neumáticos para mantener el fuego, una densa cortina de humo negro se podía observar a kilómetros.

Otro miembro de la familia al que no habían encontrado, Rodolfo Garza Jr., vio que el rancho de su tío Luis estaba en llamas, así que mandó a uno de sus trabajadores para que investigara, pero ya no regresó.

Todo el día había llamado a sus padres y hermanos, pero no los localizó. Decidió ir a ver lo que pasaba en el rancho a pesar de que había muchos hombres armados. Cuando llegó por la parte posterior, llamó a su esposa y le dijo: "Sálganse de Allende. Dile a tu prima que te lleve a Eagle Pass. No hagas maletas. Váyanse nomás". Después de esa llamada, su familia no supo más de él.[3]

A las personas detenidas en otros poblados de Cinco Manantiales las llevaron al rancho Tres Hermanos, ubicado en el municipio de Zaragoza. En ese sitio los cocineros calcinaron al menos 20 cuerpos. A otros los llevaron a una "cocina" del municipio de Guerrero.

Las denuncias por las desapariciones se presentaron semanas después ante la Fiscalía General de Coahuila que dirigía Jesús Torres Charles. Sin embargo, como se documentó en los juicios de Texas, debido a que él y altos mandos de su dependencia protegían a los Zetas, las personas que interpusieron la denuncia fueron privadas de su libertad y asesinadas. La primera denuncia se registró el 25 de mayo de 2011, cuando un miembro de la familia Garza compareció ante un agente del Ministerio Público adscrito a la Coordinación Estatal de Investigación y Combate al Secuestro de la fiscalía en Saltillo. De acuerdo con el denunciante, el grupo criminal de los Zetas secuestró a su hermana, su cuñado y dos de sus sobrinos el 20 de marzo de 2011, cuando se encontraban en su domicilio en la ciudad de Allende.

En su denuncia agregó que sabía que siete familias más de apellidos Garza y Pérez —en total unas 25 personas— también habían desaparecido. Meses después los policías municipales de Allende lo secuestraron y lo entregaron a los Zetas.

Más tarde, la policía María Guadalupe Ávalos ordenó a otros policías municipales, Ricardo Díaz Miranda y Fernando Hernández Reyes, *el Panone*, secuestrar a una familia Garza integrada por los dos padres y dos hijos muy pequeños. Recién regresaban al pueblo cuando los levantaron en un negocio de telefonía celular en el centro de Allende.

A las afueras de Allende, los policías llevaron a los padres con los sicarios, entre los que se encontraba *el Canelo*. *La Chayo* se llevó a los niños. Al poco tiempo, enviaron la cabeza del padre al negocio.

Las denuncias obligaron a la fiscalía a mandar agentes para hacer un recorrido en Allende. Los agentes constataron que había una gran cantidad de casas destruidas. Reportaron que en el rancho Los Garza había evidencias que indicaban la incineración de muchas personas.

Para el 1 de junio de 2011, dado que en los hechos objeto de la denuncia intervenían miembros de la delincuencia organizada, específicamente del grupo de los Zetas, una gente del Ministerio Público determinó que los delitos encuadraban en la Ley Federal contra la Delincuencia Organizada, por lo que se mandó una copia del reporte a la SIEDO de la PGR. De acuerdo con el oficio

175/2011 de fecha 1 de junio de 2011, se remitieron copias certificadas de la averiguación previa CEYCS/012/2011 a la licenciada Patricia Bugarín Gutiérrez, titular de la SIEDO.

Años después, cuando el fiscal Torres Charles fue cuestionado por la masacre de Allende se limitó a decir que ellos no actuaron porque se trataba de delitos federales y que habían enviado el informe correspondiente a la PGR.

Para conocer la respuesta de la procuraduría al oficio que supuestamente mandó Torres Charles, un diputado del PAN solicitó información sobre el documento. La respuesta oficial fue: "Se ha informado que en esta institución se recibió el expediente relativo a los sucesos trágicos ocurridos en el municipio de Allende […] Con fundamento en los artículos 1, 6, 8, 21 y 102 apartado A de la Constitución Política de los Estados Unidos Mexicanos, se solicitó la búsqueda de la información en la unidad especializada adscrita a esta subsecretaría, misma que indicaron que no encontraron registro alguno de lo antes descrito".

Tres años después la Fiscalía Especializada para la Búsqueda de Personas Desaparecidas del estado realizó un gran operativo en el rancho Los Garza con apoyo de peritos de la Policía Federal, en donde "se recolectaron diversas cenizas que se encontraban en el interior de 24 contenedores de 200 litros". El 26 de enero de 2014 se puso en marcha el dispositivo en el cual participaron alrededor de 250 efectivos del Ejército, la Marina, la Policía Federal y cuerpos de seguridad de Coahuila, en la búsqueda de más de 300 desaparecidos en la región de Cinco Manantiales, Monclova, Sabinas, Múzquiz y Piedras Negras.

En las labores se usaron helicópteros, perros entrenados y georradares de alta tecnología que pueden encontrar cuerpos y armas enterradas a ocho metros de profundidad. En esos días, Jesús Carranza, vocero de Seguridad de Coahuila, le contó a la revista *Proceso*: "Se localizaron huesos, ropa con disparos de armas de fuego, cientos de casquillos percutidos, entre otros objetos, en un gran rancho que estuvo tomado por un grupo del crimen organizado en el municipio de Zaragoza".

Después de rastrear 11 municipios, se hallaron barriles con evidencias de que en ellos "cocinaron" cuerpos para desaparecerlos, así como otros sitios con restos donde incineraron a varias personas.

"Las evidencias recolectadas fueron analizadas por expertos forenses de la Procuraduría de Justicia del estado y de la Policía Científica de la Policía Federal para precisar el número de personas asesinadas en esos lugares", señaló Carranza. Hasta la fecha, las autoridades "no han obtenido ningún resultado de los peritos de la Policía Federal, respecto de los 2459 restos humanos recolectados en dicho operativo".

El 5 de febrero de 2014 el agente del Ministerio Público hizo entrega de las evidencias recolectadas y aseguradas en el rancho Los Garza a otro agente ministerial del área de genética forense. Este último tenía a su vez el encargo de remitir las evidencias a la Policía Científica para que se realizaran las pruebas periciales pertinentes.

El 15 de abril de 2014 el agente del Ministerio Público recibió el informe técnico en materia de antropología forense realizado por la Coordinación de Criminalística de la División Científica de la Policía Federal. En el reporte se dice:

Los elementos hallados durante el tamizado corresponden a 66 fragmentos óseos y 68 órganos dentales, los cuales por sus características

Fernando "N", jefe de escoltas del capo Jorge Costilla y preso en una prisión de Reynosa, contó que Jorge Eduardo Costilla *El Coss* mandó asesinar al *M3* "por celos", debido a que temía que le quitara la dirección del Cártel del Golfo.

En diversos operativos del Ejército Mexicano en los que se catearon y aseguraron casas de seguridad se localizaron altares a la Santa Muerte, la imagen religiosa preferida por los narcos.

Debido a la "narcoguerra" la desaparición de personas se convirtió en una tragedia para miles de familias mexicanas. Tamaulipas es el estado que más personas desaparecidas reporta a nivel nacional: oficialmente reporta cerca de 6 000. No obstante, las organizaciones de familias calculan que la cifra podría superar los 10 000

Debido a la dimensión que alcanzaron las batallas en el norte de México, los reporteros tuvieron que trabajar portando chalecos antibalas.

En septiembre de 2009 el Ejército Mexicano decomisó más de 3 millones de dólares y 23 millones de pesos en efectivo (en total, alrededor de 73 millones de pesos de esa época) a un grupo de contadores del Cártel del Golfo, cuando aún operaba junto con Los Zetas. El dinero era parte de la nómina que pagaba a políticos, mandos de policías estatales, federales, de la PGR, etc. Entre los sobres destacaban los destinados a "Prensa".

La noche del 25 de octubre de 2010, miembros del Cártel del Golfo atacaron durante más de media hora la corporación policiaca municipal de Los Ramones, Nuevo León.

La bandera mexicana ondea junto a los disparos en la pared del Café Iguana, un emblemático antro del Barrio Antiguo del centro de Monterrey, donde sicarios del Cártel del Golfo asesinaron a cuatro personas la noche del 22 de mayo de 2011.

Camionetas incendiadas, saldo de los enfrentamientos entre pistoleros del Cártel del Golfo y Los Zetas por San Fernando, el principal centro donde se almacenaba la droga que venía por carretera desde Centroamérica o que se introducía por la Laguna Madre del Golfo de México.

La bodega ubicada en un solitario camino vecinal de San Fernando, donde Los Zetas mataron a 72 migrantes, la mayoría centroamericanos, el 23 de agosto de 2010.

Los Zetas utilizan a mujeres muy jóvenes para atraer a más miembros a su organización. También las emplean como "halcones", para distribuir droga al menudeo e incluso como sicarias.

Los Monstruos, los vehículos blindados artesanalmente que usa el crimen organizado para vigilar sus cargamentos de droga en los caminos vecinales de Tamaulipas que conducen a la frontera con Estados Unidos. El Ejército Mexicano almacena al menos 150 "monstruos" en la Octava Zona Militar con sede en Reynosa.

El 12 de marzo de 2010 efectivos de la Marina capturaron a un capo y a varios miembros del crimen organizado que se recuperaban en una clínica usada por un cártel para curar a sus heridos, la cual se localizaba en Escobedo, municipio conurbado de Monterrey.

El 21 de octubre de 2008 el Ejército Mexicano rindió honores a nueve soldados que fueron degollados por el crimen organizado en Monterrey.

El crimen masivo que Los Zetas perpetraron el 18 de marzo de 2011 en el norte de Coahuila, conocida como la Masacre de Allende, dejó como saldo más de 300 víctimas. Decenas de ellas fueron asesinadas e incineradas en un rancho de la familia Garza Gaytán.

Rodolfo López Ibarra *El Nito* y Omar Ibarra Lozano *El 34* fueron jefes de plaza del Cártel de los Beltrán Leyva para Nuevo León. Ambos fueron capturados por oficiales de la Séptima Zona Militar, entre mayo y junio de 2009, lo que facilitó la llegada de Los Zetas al estado.

El 11 de mayo de 2010 efectivos del Ejército aseguraron en el municipio de Higueras, Nuevo León, un arsenal compuesto por más de 139
armas largas, además de 3 lanzacohetes, varios fusiles Barret calibre 50,
32 granadas de mano, 29 granadas calibre 40 y decenas de chalecos antibalas artesanales, así como miles de cargadores y cartuchos.

El 28 de agosto de 2011 unos 1500 policías federales arribaron a Monterrey para combatir a Los Zetas y al Cártel del Golfo, grupos criminales que controlaban la ciudad industrial más importante de México.

Pistola calibre 45 bañada en oro que fue decomisada por el Ejército a un capo del Cártel del Golfo apodado *El Ruly*, quien fue capturado el 10 de mayo de 2009.

corresponden a la especie humana. Debido a que los fragmentos de restos óseos y órganos dentales presentan un alto grado de carbonización, impide determinar la región anatómica a la cual pertenecen.

Además, se recuperaron 68 órganos dentales y fragmentos de órganos dentales, de los cuales, siete se encuentran anatómicamente completos. También se hallaron 31 coronas de diferentes órganos dentales, 24 restos radiculares [raíces], pertenecientes a diferentes órganos dentales, y seis restos de molares tratados endodónticamente, así como cuatro coronas con restauraciones metálicas.

Es de llamar la atención la postura que asumió la PGR respecto a la masacre del norte de Coahuila. Primero porque no ejerció su facultad de atracción del caso, a pesar de que se trataba de un delito federal relacionado con delincuencia organizada, y de que incluso varios diputados de Coahuila informaron al Congreso Estatal que ellos realizaron solicitudes en ese sentido.

Los agentes estadounidenses involucrados Ernest González y Richard Martínez se "sentían destrozados" y en cierto sentido culpables por la masacre. No obstante, la postura oficial de la DEA fue que los responsables de los asesinatos masivos son los hermanos Miguel Ángel y Omar Treviño Morales. "La DEA sólo hizo su trabajo."[4]

Por su parte, las autoridades estatales actuaron para encubrir a sus exfuncionarios implicados. Un año y medio después de la masacre el gobernador Rubén Moreira simuló una investigación, la cual concluyó que oficialmente sólo existen 28 víctimas, mientras que las declaraciones ministeriales en poder de la propia procuraduría de Coahuila los testimonios de los implicados en los juicios de San Antonio y Austin, y las declaraciones del alcalde de Allende, Reynaldo Tapia, coinciden en que en el norte del estado desaparecieron más de 350 personas.

A las familias afectadas, el gobierno de Moreira les intercambió la justicia por un monumento que edificaron en la entrada de Allende.

Notas

[1] Ginger Thompson, "Anatomía de una masacre", ProPublica, junio de 2017, <https://www.propublica.org/article/allende-zetas-cártel-masacre-y-la-dea>.
[2] Diego Enrique Osorno, "El manantial masacrado", *Vice*, <http://www.vice.com/es_mx/read/el-manantial-masacrado>.
[3] Ginger Thompson, "Anatomía de una masacre", *loc. cit.*
[4] *Ibid.*

9

LA ÚLTIMA TRAICIÓN
DEL JUDAS DE LOS ZETAS

La penumbra que se posó sobre Allende se extendió con rapidez a toda la región.

Durante la noche del 18 de marzo de 2011 se realizó un operativo quirúrgico en Monclova para levantar a unos siete contadores y otros tantos miembros de los Zetas que estaban bajo las órdenes de Alfonso Cuéllar.

En la fronteriza Piedras Negras esa noche se festejaba una boda en el Casino Nacional ubicado en la colonia Nísperos. La novia era Ana Chavarría Cruz, hija de un reconocido empresario dueño de la distribuidora de vehículos Chevrolet y de agencias de autos en Saltillo. El novio era Isidro de los Santos Villarreal. Se casaron en la Parroquia de Nuestra señora de San Juan de los Lagos.

En el festejo se encontraba la "crema y nata" de la sociedad, incluyendo la clase política de Coahuila. Acudió el entonces gobernador Jorge Torres López, sustituto de Humberto Moreira, quien abandonó el cargo los primeros días de enero de 2011 para convertirse en presidente del PRI y coordinar la campaña electoral de Enrique Peña Nieto.

Torres López iba acompañado por el alcalde priísta de Piedras Negras, Óscar López Elizondo.

Horas antes, a las 18:30, comenzó el aparatoso operativo de los sicarios del *Comandante Enano* para levantar a decenas de personas y familias en diversas colonias de la ciudad.

Grupos de hombres armados con el rostro cubierto se desplazaban en caravanas de al menos tres vehículos, irrumpían en las viviendas y con violencia sacaban a sus residentes para subirlos a sus camionetas. La escena se repitió hasta pasada la medianoche en al menos dos decenas de casas.

Una de las viviendas asaltadas fue la del exgerente de Televisa Adolfo Efrén Tavira, quien había trabajado bajo las órdenes de Alfonso Cuéllar.

En el juicio que se celebró en San Antonio Tavira contó cuando un grupo de sicarios se presentó en su casa para llevarlo con los hermanos Miguel Ángel y Omar Treviño Morales: "Era la madrugada del sábado y estaba en mi casa, acababa de llegar y me preparaba para dormir. En mi casa estaba mi esposa y dos hijos menores, mi tercer hijo había salido con sus amigos. De repente sonó el portón de la casa... tres personas entraron armadas. 'Vienen por mí', le dije a mi esposa. Gritaron mi nombre y entró Gustavo [Ramón Martínez]".

—Tavira, ¿qué hiciste? —le preguntó Gustavo.

—No he hecho nada —respondió.

Martínez tomó a los hijos de Tavira y los escondió en un clóset junto con su esposa para que no se los llevara el despiadado pistolero Marciano Millán Vázquez. En ese momento entró *Chano* y ordenó: "Ya vámonos". Un tercer hombre que se cubría el rostro con una máscara de calavera vigilaba desde la puerta.

Sacaron a Tavira de su casa y lo tiraron al piso de una camioneta. "Me tenían con un pie sobre la espalda." Lo llevaron a un terreno de una zona conocida como Pico del Águila, a donde tardaron unos 15 minutos en llegar. Durante el trayecto sólo se escuchaba la frecuencia de radio informando que ya llevaban al detenido.

Arribaron a un gran terreno bardeado donde termina la avenida Armando Treviño. En ese sitio lo bajaron y *Chano* le puso unas esposas. Lo condujeron a una camioneta que estaba en el centro del terreno.

La noche era oscura, pero el detenido logró ver que en el sitio había muchas camionetas y decenas de hombres armados. En un amplio espacio tenían a 40 personas de rodillas y amarradas por la espalda. En la camioneta a la que lo condujeron estaban los capos Miguel Ángel y Omar Treviño Morales. "Fue la primera vez que los vi", contó Tavira.

—Éste es Tavira, el que trabaja con Poncho —le dijo David Alejandro Loreto Mejorado a *Z40*.

—¿Dónde está Poncho? —preguntó Miguel Ángel Treviño.

Le respondió que hacía tiempo que no lo veía. En ese momento llegó Daniel Menera con un teléfono móvil y le dijo a *Z40*:

—Comandante, ¿me permite? Tavira trabaja para nosotros y ya no trabaja para Poncho Cuéllar —dijo y le entregó el celular.

El Lucky le estaba llamando. Después de que tomó la llamada dijo:

—Ok, está bien. ¿Por qué no me habían dicho antes? Tú respondes por él —le dijo *Z40* a Daniel Menera—: en este momento lo dejo ir, pero cualquier cosa que haga, tú me respondes por él.

Menera Sierra sólo alcanzó a decir que sí.

En el trayecto de regreso al vehículo de Daniel, Tavira pasó junto a las personas detenidas. Alcanzó a ver a su amigo de la secundaria Víctor Cruz, su esposa Brenda y un hijo, todos amigos de Alfonso Cuéllar. También estaba ahí el menor de 14 años Gerardo Heath Sánchez, nieto del destacado empresario Reginaldo Sánchez Garza. Lo habían plagiado junto con unos amigos porque se encontraba en casa de uno de ellos.

La esposa de Cruz, llorando, le alcanzó a preguntar: "¿Mis otros hijos?"

"Ya que estaba en el carro...", Tavira interrumpió su testimonio y comenzó a llorar.

Se hizo un silencio sepulcral en la sala del juicio.

Después de una pausa en la que se limpió las lágrimas agregó: "Se comenzaron a oír disparos, pues empezaron a matar a toda la gente que estaba ahí. *Z40* y *Z42* los estaban matando, junto con otros sicarios que estaban ahí".

Desde que los sicarios del *Comandante Enano* levantaron a las primeras víctimas, sus familiares y amigos se movilizaron para denunciar la privación ilegal de la libertad ante las autoridades.

A las 22:00 horas un grupo se enteró de que el alcalde de Piedras Negras estaba con el gobernador Jorge Torres López y se dirigió al Casino Nacional para denunciar los hechos.

Hasta ese lugar llegó el empresario Reginaldo Sánchez Garza y familias de las víctimas desaparecidas para contarles al alcalde y al gobernador el despliegue de los Zetas para secuestrar a decenas de personas, entre ellas algunos menores.

"Tras recibir el reporte, el alcalde y el gobernador abandonaron la ciudad en medio de un fuerte despliegue de seguridad, sin auxiliar a las víctimas", contó uno de los testigos de esa reunión, que habló para esta investigación bajo la condición del anonimato.

Esa misma noche los editores de los diarios locales recibieron llamadas para que no se publicaran fotos de las autoridades que asistieron a la boda.

"Sentíamos temor, fui amenazado hacia mi persona, hacia mi familia, amenazaron a mis funcionarios", confesó años después el ahora exalcalde Óscar López Elizondo al diario *Zócalo*. Admitió que la noche de la matanza estaba en una boda cuando le informaron del levantón de personas. Contó que recibió la llamada de un familiar de la señora Claudia Sánchez, madre del adolescente Gerardo, en la que le informaron que había sido levantado un menor junto con otros muchachos.

Por otra parte, en su relato, el exgerente de Televisa continuó describiendo cuando las víctimas fueron asesinadas y las subieron a camionetas para llevarlas al sitio donde serían cremadas:

Yo ya estaba dentro del carro. Estaba en la parte de atrás viendo hacia las camionetas. Luego vi cómo movieron a toda esa gente que estaba amarrada y los cuerpos los comenzaron a subir a unas cuatro camionetas grandes. Luego salieron todos.

Nadie podía salir hasta que terminaran lo que tenían que hacer.

Al llegar a mi casa busqué a mis hijos y esposa para saber si estaban bien. Luego hablé con ella y le dije que estaba bien, pero no le conté qué había pasado. Ya nunca volví a ver a nadie de los que estaban amarrados esa noche.

Después de la masacre del 18 de marzo de 2011, Efrén Tavira estuvo trabajando bajo las órdenes de Daniel Menera y de Marciano

Millán. Por lo demás, en su testimonio en el juicio de San Antonio, confirmó el pago de sobornos a algunas autoridades: "Hasta el año 2012 que yo estuve antes de entregarme a las autoridades... los Zetas controlaban la policía municipal de Piedras Negras. También compraron mandos de la Policía Federal y algunos miembros del Ejército. Con la Marina no pudieron. Incluso con quienes más temían enfrentarse los Zetas era con los marinos. También tenían arreglos con la PGR" enfatizó en su confesión al jurado.

Durante un año Tavira colaboró en el tráfico de droga por el río Bravo. En ese tiempo se enteró de un soborno que los hermanos Treviño Morales le enviaron a Rubén Moreira, cuando ya había asumido la gubernatura: "Supe de algunos acuerdos con políticos estatales; supe de una contribución que le entregaron al gobernador en el año 2012. Era para el gobernador Rubén Moreira, no sé cuánto dinero era. Estuve presente en una entrega, pero me salí antes de que se realizara. Fue en el rancho de Beto Casas. Le entregaron una Suburban llena de maletas de dinero, pero no supe la cantidad".

Tavira se encargó de algunos cruces de marihuana hasta que encontró la manera de escapar de los Zetas sin poner en riesgo la vida de su familia.

Un día de abril de 2013 se encontraba en un sitio llamado Rancho San Vicente de Piedras Negras, ubicado sobre la carretera rumbo a Nuevo Laredo, en los límites de la frontera con Texas. Ahí escondían la droga antes de cruzarla hacia Estados Unidos.

Tavira intentaba cruzar una carga de 100 kilos de marihuana de su propiedad, de Marciano Millán y otro socio. Sin embargo, "cuando estábamos en el lado de Estados Unidos esperando que llegaran a recogerla llegó la migración", contó.

Detuvieron a varios de sus compañeros, pero a él no lo capturaron porque logró esconderse. "Era la primera vez que pasaba la frontera con un cargamento. Yo siempre me quedaba en México. Era de noche y estaba muy oscuro. Iba vestido de negro." Cuando los agentes de migración siguieron a sus compañeros para capturarlos, él se ocultó entre los arbustos. "La migra estuvo a dos metros de mí."

Después de que aprehendieron a sus compañeros y se retiraron, Tavira se perdió en territorio estadounidense hasta que cruzó el río Bravo. "Ya no quería estar en Piedras Negras. Ya no quería seguir trabajando para el cártel, pero no podía huir o salirme del cártel y además tenía a toda mi familia en México." En esa época, Marciano Millán, quien descuartizó a una niña de seis años y a su familia con un hacha, ya era jefe de plaza.

"Aproveché esa situación y ya no dejé que los Zetas me vieran para que pensaran que también me habían detenido. Era la ocasión perfecta para salirme del cártel. Mis compañeros van a dar testimonio a los jefes de que me detuvo la migración."

Cuando se reunió en secreto con su familia, les dijo que estaba bien. Les pidió que hablaran para Austin y que le consiguieran un buen abogado ya que se iba a entregar a las autoridades de Estados Unidos. Ese mismo día cruzó la frontera y se entregó. Ahora cumple una condena de 30 años por tráfico de armas y droga. Gracias a su colaboración con los fiscales y a sus testimonios espera que le reduzcan el tiempo.

Después de la masacre del 18 de marzo de 2011 comenzó la pérdida de los grandes ingresos por la venta de cocaína. Ello causó un gran descontento entre la cúpula integrada por los comandantes Zetas. Capos regionales como Iván Velázquez Caballero, *el Talibán* o *Z50*, desconfiaban de la manera como Miguel Ángel Treviño conducía la organización y sus finanzas. Temía que estuviera usando el dinero para su beneficio personal.

La disminución de las ganancias obligó a los capos regionales a intentar compensarlo primero con grandes extorsiones a empresas y casinos.

Un intento de cobro de piso a un casino de Monterrey dio pie a que los Zetas perdieran la plaza que consideraban la joya de la corona.

El 25 de agosto de 2011 la metrópoli se sumergía en la tristeza y la zozobra debido a un criminal atentado que se había salido de control. Días antes, Carlos Oliva Castillo, *la Rana*, jefe regional en Nuevo León y Coahuila, planeó un ataque contra el Casino Royale después de discutirlo con Miguel Ángel Treviño Morales. El centro de apuestas se negaba a pagar una extorsión que le exigían de aproximadamente 130 mil dólares mensuales.

A las 14:00 horas del 25 de agosto los cuatro comandantes que dirigían la zona metropolitana se reunieron con un grupo de al menos 12 sicarios en un salón del restaurante El Gran Pastor, al poniente de la ciudad, para preparar la agresión. Participaron Francisco Medina Mejía, *el Quemado*, Baltazar Saucedo Estrada, *el Mataperros*, Alberto Loera Rodríguez, *el Voltaje*, y Roberto Carlos López Castro, *el Toruño*.

Después de la comida, la docena de sicarios se dirigió en cuatro vehículos a una estación de gasolina para comprar en cuatro contenedores alrededor de 200 litros de combustible. El grupo lo lideraba Jesús Rafael Torres Bautista, alias *el Colitas*, líder de una célula Zeta integrada por mujeres y hombres menores de edad que operaban en zonas marginadas del poniente de Monterrey.

A las 15:48 horas llegó el convoy al Casino Royale, según muestran los videos presentados en la conferencia de prensa por la Procuraduría General de Justicia de Nuevo León. Mientras tanto, los cuatro jefes Zetas coordinaron un cordón de seguridad perimetral que protegería a los autores materiales del atentado, en el cual participó al menos una patrulla de la policía municipal. En total había alrededor de 22 personas involucradas.

En esa época Monterrey era vigilada por más de 7 000 efectivos federales, entre marinos, miembros del Ejército y la Policía Federal. Fueron enviados por el presidente Felipe Calderón a reforzar la seguridad de la zona metropolitana de Monterrey, la cual ardía por los enfrentamientos entre el CDG y los Zetas.

La metrópoli más industrializada y desarrollada del norte del país seguía sufriendo la inédita violencia que se agudizó desde marzo de 2010. Entre ese año y hasta 2012 no cesaban los asesinatos. En un solo día los grupos rivales llegaron a ejecutar hasta 30 personas.

La guerra entre los cárteles ocasionó que la población de los cementerios creciera a ritmos impensables. Durante 2009 ocurrieron 267 homicidios dolosos. Al año siguiente, tras la división entre el CDG y los Zetas, la cifra se triplicó hasta alcanzar 828, y para 2011 sumaron más de 2 mil. La mayoría de las ejecuciones estaba relacionada con la delincuencia organizada, según cifras de la Procuraduría General de Justicia estatal.

El primero en entrar en el casino fue el *Colitas*, quien gritó: "Ya se los cargó la chingada", al tiempo que accionó su fusil de asalto contra el techo. El miedo se apoderó de los casi 200 clientes y empleados que se encontraban ahí. La orden fue que abandonaran el local, pero debido a que el joven que recién había cumplido 18 años permanecía en la puerta principal con su arma, sólo poco más de 30 clientes lograron escapar por ahí.

Después de golpear a los guardias y robar pertenencias a los clientes, un grupo de hombres roció gasolina en la entrada del establecimiento y le prendió fuego —las llamas alcanzaron incluso a uno de los delincuentes— para enseguida huir en los vehículos. Todo ocurrió en alrededor de un minuto y medio.

El fuego se propagó con rapidez pues en el local había carritos para repartir comida con tanques de gas que explotaron. Debido a que una buena parte del material en el casino era plástico, el humo resultó extremadamente tóxico. La mayoría de los clientes se había refugiado al fondo del local, 16 se escondieron en los baños.

"Recibimos una llamada 10 minutos antes de las 16:00 horas, en la que un amigo nos preguntaba: '¿qué se quema en la avenida Gonzalitos?, está saliendo mucho humo'. [Al llegar] había muchas mujeres histéricas que llorando gritaban que había mucha gente en el sótano", narró Andrés Molina, comandante del cuerpo de bomberos de Monterrey. En esos primeros minutos los bomberos lograron sacar a más de 50 personas, la mayoría mujeres de edad avanzada.

Un trabajador llevó más o menos a 40 clientes, la mayoría mujeres, a una puerta que conducía a la azotea, donde estaba el empleado José Gerardo Rocha. Cuando el humo comenzó a inundar el segundo piso, salieron del local por el techo. José Gerardo llevó al grupo hasta una pared de casi tres metros de altura, contigua al estacionamiento del casino. A continuación se agachó y se puso de "banquito". Junto con su compañero logró sacar a las señoras, quienes dejaron las marcas de sus tacones en la espalda del joven.

"Encontraron ocho [muertos] en la entrada, cuando se logró la ventilación y se disipó el humo encontraron más cadáveres. En un baño localizaron 16 personas apiladas unas arriba de otras y algunos sosteniendo su teléfono móvil en la mano. Era una imagen, por así decirlo, dantesca", aseguró Molina.

Sólo nueve de las 52 víctimas tenían quemaduras, el resto murió por asfixia. Quedaron atrapadas al fondo del local y en el segundo piso, buscando puertas por donde huir, pero se toparon con que algunas salidas de emergencia estaban clausuradas.

Gracias a la gran indignación y la presión social que desató la masacre, se rompieron los acuerdos entre algunas autoridades estatales y el crimen organizado. Como consecuencia, la Procuraduría de Justicia rindió resultados expeditos.

Cinco días después del atentado, detectives de la Agencia Estatal de Investigaciones detuvieron a los primeros cinco implicados gracias a una huella que encontraron en un Mini Cooper que abandonaron los criminales. "Sólo queríamos darles un susto", dijeron los detenidos. Confesaron que sus jefes los regañaron por las dimensiones que tomó el ataque. Posteriormente cayó *el Colitas* con cuatro menores integrantes de su célula, quienes a pesar de su corta edad resultaron implicados en al menos 10 homicidios anteriores.

Para el 12 de octubre el Ejército anunció la captura del capo Carlos Oliva Castillo en Saltillo. *El Toruño* fue detenido en Jalisco. *El Mataperros* y *el Voltaje* en Monterrey. *El Quemado* murió en un enfrentamiento con militares en Nuevo Laredo. El resto de los participantes ya están detenidos y la mayoría cumple su condena en prisiones de Nuevo León. De los más de 20 que participaron en el ataque, sólo hace falta detener a los policías y los cómplices que cubrieron el operativo.

El malogrado atentado al Casino Royale condujo a la detención de la estructura de mando de los Zetas en la zona metropolitana de Monterrey, tras lo cual sus rivales del CDG les arrebataron rápidamente su plaza principal. El resto de la organización quedó sin jefes.

En tal circunstancia, cientos de células y pandillas que estaban bajo el control de los Zetas iniciaron la narcoinsurgencia en la industriosa ciudad.

La masacre del casino también agudizó el malestar en la cúpula de los comandantes regionales.

La primera señal de una ruptura en la organización ocurrió la madrugada del 13 de mayo de 2012 en el kilómetro 47 de la carretera de Cadereyta, en Nuevo León. Justo en el entronque que conecta esa vía con el poblado de San Juan.

Esa noche un grupo de 10 pistoleros liderados por Óscar Manuel Bernal Soriano, alias *la Araña* o *el Spider*, bajaron 49 torsos de un camión de volteo. *La Araña* grabó la escena con su teléfono móvil. En las imágenes se puede observar cuando el grupo de jóvenes baja con azadones los restos humanos, a los que se les había decapitado y cortado muslos y brazos. A algunos cuerpos les borraron los tatuajes.

Días antes, varios sicarios habían irrumpido en una casa de seguridad de Reynosa donde se escondía a un grupo de migrantes. Al menos uno logró escapar. A esos hombres los juntaron en el municipio de los Herrera, Nuevo León, con otras personas detenidas cuyo origen se desconocía. Ahí los mataron y descuartizaron. El capo originario de Nuevo León, Juan Carlos Martínez Hernández, *el Camaleón*, llamó al jefe de plaza de Cadereyta, Daniel de Jesús Elizondo Ramírez, *el Loco*, a quien le entregó los torsos en el camión y una manta, y le indicó que los jefes querían que los dejara en el centro de Cadereyta.

Elizondo Ramírez, quien había acompañado a Miguel Ángel Treviño Morales a Centroamérica, desconfió y rechazó cumplir la orden al pie de la letra. Tirar los cuerpos en el centro de Cadereyta calentaría su plaza al grado de que su propia cabeza estaría en juego. Además, el texto de la manta lo implicaba en el asesinato de las 49 personas. Así que tomó la decisión de arrojarlos sobre la carretera.

Cuando las autoridades recibieron la alerta de los cuerpos descuartizados, localizaron una pila de torsos en medio de un gran charco de sangre. A un lado estaba el mensaje con varios cuerpos mutilados encima para que el viento no lo volara: "Esto va para todos los Golfos, Chapos, Marinos, Huachos y Gobiernos, nadie nos va a poder hacer nada, se la van a pelar. Atte: Loco, Z40 y Comandante Lazcano", se leía en la manta.

Una semana después, alguien de la organización filtró la ubicación del refugio de Elizondo Ramírez a oficiales de la 7/a zona militar. Así, lo capturaron en el municipio de Guadalupe sin disparar un tiro.

Inmediatamente después los Zetas se deslindaron de los hechos en un "comunicado". Negaban que ellos fueran los responsables de asesinar y abandonar los 49 cuerpos mutilados, así como del texto de la manta.

Días después la división de los Zetas se hacía visible.

La mañana del 1 de junio de 2012 un grupo de jóvenes colgó una gran manta en el jardín Independencia en el centro histórico de Zacatecas. Casi al mismo tiempo cuatro adolescentes subieron las escaleras de un puente peatonal que cruza la transitada avenida Félix U. Gómez del centro de Monterrey, ambas plazas controladas por *el Talibán*.

Los jóvenes colocaron el mismo mensaje que tenía en el centro una gran fotografía de Heriberto Lazcano. Alrededor de la imagen había siete más pequeñas de otros capos que habían sido abatidos o capturados, entre ellos Jesús Enrique Rejón Aguilar, Jaime González Durán, Arturo Guzmán Decena y Raúl Lucio Hernández Lechuga.

La manta estaba dirigida a los comandantes cercanos a Lazcano. El texto enfatizaba que a la mayoría de los capos los habían detenido Los Azules (Policía Federal) e insinuaba que *Z40* había filtrado su ubicación para que los capturaran. Al final advertían a Lazcano que también sería traicionado.

En esos días subieron a YouTube un corrido con la siguiente advertencia: "Pongan atención, cárteles de México y de otros países, ésta es la historia de una persona que ha traicionado a compañeros aliándose con federales para así entregárselos, y su plan es ser líder de los Zetas". Durante la canción aparecía la foto de Miguel Ángel Treviño.

Posteriormente apareció otro video titulado: "Nuevo corrido de Los Zetas", en el que se narran las supuestas traiciones que ha cometido el nuevo judas, *Z40*, contra algunos integrantes de esa organización.

Para el 12 de junio de 2012 las sospechas del *Talibán* sobre el mal manejo de las finanzas de la organización se confirmaron. Ese día fue detenido en Estados Unidos José Treviño Morales, hermano mayor de *Z40* y *Z42*, junto con su esposa. Los agentes federales habían allanado su rancho y su casa en Nuevo México y en Oklahoma.

Los fiscales lo investigaron durante varios años para documentar sus operaciones de lavado de dinero para los Zetas. En las indagaciones confirmaron que José Treviño llegó a gastar hasta tres millones de dólares mensualmente en la compra de caballos cuarto de milla, a través de su empresa Tremor Enterprises.

Ahora *el Talibán* confirmaba que "el *Z40* había traicionado y estuvo poniendo a la gente del *Lazca*". A Miguel Ángel Treviño Morales sólo le faltaba entregar al *Lazca*, el único de los militares de élite que continuaba en la organización. Los demás desertores del Ejército que crearon los Zetas al inicio del sexenio de Vicente Fox ya habían sido asesinados o encarcelados.

Para los primeros días de octubre se presentaron las condiciones para que el judas finalmente traicionara al exmilitar fundador que continuaba como "presidente honorario" de la organización paramilitar derivada en cártel de narcotráfico.

La cadena de eventos que desencadenó la traición inició con un enfrentamiento en Piedras Negras. Alejandro Treviño Chávez, sobrino de *Z40*, y tres hombres más cayeron bajo las balas de un Grupo de Armas y Tácticas Especiales (GATE).

La muerte del sobrino rompía el supuesto acuerdo que los hermanos Treviño tenían con el gobernador Rubén Moreira. Complicidad que se sustentaba en la Suburban atestada de maletas con dinero que le habían mandado.

Miguel Ángel Treviño montó en cólera por la muerte de su familiar y ordenó el asesinato del hijo del exgobernador Humberto Moreira, quien estaba a su alcance con sólo estirar la mano, ya que vivía en la vecina Ciudad Acuña. Los testimonios en las cortes de Texas confirmaron que los Zetas mantenían el control sobre la policía municipal, así que gracias a esa complicidad, el crimen sería un "juego de niños".

El 3 de octubre de 2012 Rodolfo Castillo, subdirector de la policía de Acuña, llamó a José Eduardo Moreira, el hijo mayor de Humberto que tenía 25 años. Trabajaba como coordinador regional de programas sociales en la administración de su tío Rubén Moreira.

El jefe policiaco lo citó en una tienda de conveniencia donde lo levantaron varios policías municipales para luego entregarlo a sicarios Zetas, quienes se encargaron de asesinarlo. Horas más tarde su cuerpo fue localizado en un camino que conduce a la comunidad de Santa Eulalia de Ciudad Acuña.

En esos días Miguel Ángel Treviño le mandó un mensaje desde Piedras Negras al gobernador Rubén Moreira en una manta donde se leía: "Sobrino por sobrino".

Humberto Moreira y su hermano Rubén pagaban en carne propia su complicidad con el grupo criminal.

En el funeral de José Eduardo Moreira el exgobernador declaró que su hijo era una "víctima más de la guerra" del presidente Felipe Calderón contra el narco.

Sin embargo su nuera, Lucero Davis, viuda de José Eduardo, fue más allá y culpó al gobernador de Coahuila Rubén Moreira del asesinato de su esposo. En un mensaje en su cuenta de Twitter pidió su renuncia y exigió justicia.

El 25 de octubre Humberto responsabilizó de la muerte de su hijo a los "narcoempresarios mineros" en referencia al directivo de AHMSA y a los empresarios de Monclova que habían facilitado la entrada de Heriberto Lazcano en el negocio de la minería. "Desde hace unos meses es un secreto a voces en la región carbonífera del estado que los narcotraficantes empezaron a cambiar su giro de secuestros, de matones o cuotas de los giros negros y les dio por extraer carbón", aseguró el expresidente del PRI.

Lo que no dijo Humberto Moreira es que el carbón de Heriberto Lazcano se vendía a la Comisión Federal de Electricidad por medio de un fideicomiso administrado por su hermano Rubén, situación que fue denunciada por empresarios del norte del estado y publicada en la revista *Proceso*.

La detención del subdirector de la policía de Acuña, Rodolfo Castillo, así como la de los policías municipales involucrados, los hermanos José Trinidad y Víctor Landeros Sifuentes, *la Iguana*, Víctor Carrizales Prieto y Jorge Tenorio Takajasi, *el Taka*, no detuvo la ofensiva que se lanzó contra la organización paramilitar a escala nacional. Tampoco la muerte o detención de los sicarios que asesinaron a José Eduardo Moreira: Rubén Sifuentes Cadena, *el Shaggy* (abatido); Carlos Arnulfo Flores Flores, *el Flaco* (detenido) y Carlos Eduardo Flores, *el Pelón*.

Ante la embestida del Estado, el judas de los Zetas orquestó su última traición: entregar a su exjefe y amigo, el otrora cabo de infantería del Ejército mexicano: Heriberto Lazcano Lazcano.

10

LA NARCOINSURGENCIA

La tarde del 7 de octubre de 2012 las escasas gradas del polvoriento campo de beisbol del pequeño poblado de Progreso, Coahuila, estaban atestadas. Alrededor de 80 personas animaban a los equipos de los ejidos Aura y San Alberto que se enfrentaban.

La zona deportiva se ubica a un costado de la carretera que conecta al pueblo con la autopista 57, justo antes de pasar el arco de concreto que anuncia la llegada al municipio. En Progreso, semidesértico como la mayoría de los poblados en el norte del estado, Heriberto Lazcano tenía un refugio donde se escondía ocasionalmente.

Otros pobladores seguían el partido distribuidos a lo largo de la estrecha carretera. Pasadas las 15:00 horas, cuando apenas se habían realizado las primeras jugadas, una camioneta Ford blanca de doble cabina se estacionó a un costado del campo. El conductor y su acompañante observaban el encuentro desde el interior del vehículo.

Un oficial de la Marina vestido de civil que se encontraba entre los aficionados hizo su llamada y alertó sobre el arribo de la camioneta. Quince minutos después vehículos de la Marina

invadieron la localidad. Algunos llegaron por brechas para evadir a los *halcones* que vigilaban la autopista 57 en cuatrimotos.
Otros lo hicieron por la estrecha carretera mientras un helicóptero sobrevolaba la zona.

Los marinos se dirigieron a la camioneta blanca. Los dos
hombres que se encontraban en su interior abrieron fuego. Mataron a un efectivo de la Semar. Sus compañeros respondieron
y cundió el caos en el campo de beisbol. Aficionados y pelote-
ros se dispersaron en todas direcciones. Los marinos intentaron
reunirlos detrás del área del *home* para protegerlos de los disparos, al tiempo que los dos hombres se bajaron del vehículo
e intentaron huir aprovechando la confusión que reinaba en el
campo.

Uno de ellos empuñaba un fusil de asalto AR-15 adaptado
con un dispositivo lanzagranadas. Apenas avanzó 300 metros
cuando fue alcanzado por las balas de las armas de grueso calibre de los marinos que impactaron en su espalda y sus glúteos.
Cayó al lado de uno de los pedestales del arco que da la bienve-
nida a Progreso. El otro fue abatido ahí mismo.

A las 18:05 horas empleados de la agencia del Ministerio Público de Sabinas recibieron una llamada de oficiales de la Semar
en la que pedían su presencia. Además solicitaron la asistencia
de personal de servicios periciales y de la policía investigadora,
"toda vez que dos civiles habían fallecido".

Después de revisar la camioneta, los agentes del Ministerio
Público encontraron un lanzacohetes con dos proyectiles, dos granadas de fragmentación, armas y municiones de diversos calibres.

Tras revisar las pertenencias de los fallecidos, las autoridades
encontraron una credencial que identificaba a uno de ellos como

Mario Alberto Rodríguez Rodríguez, de 44 años, con domicilio en la calle Abedul 137, colonia La Joya, de Sabinas. Algunos pobladores comentaron que Mario tenía una novia en el Ejido Aura, zona donde los Zetas tenían su campo de entrenamiento.

Como en la región no hay morgue, para trasladar los cuerpos las autoridades solicitaron los servicios de la Funeraria García, la más grande del municipio de Sabinas. Los peritos de la Procuraduría General de Justicia de Coahuila fotografiaron los cadáveres, les tomaron las huellas dactilares y enviaron las muestras a Saltillo para que las compararan con las bases de datos de la procuraduría y las de Plataforma México.

Los cuerpos permanecieron en la funeraria. Pasada la una de la madrugada del 8 de octubre arribaron al negocio varios hombres armados con el rostro cubierto. Tras amagar a los empleados sustrajeron los dos cadáveres y se los llevaron en una carroza que condujo el propietario de la funeraria, amenazado por los encapuchados.

El robo de los cuerpos aceleró las investigaciones de la procuraduría estatal para identificar al hombre que murió junto a Mario Alberto Rodríguez. De acuerdo con la base de datos de Plataforma México las huellas pertenecían a Heriberto Lazcano Lazcano.

Gente del *Z40*, mediante una llamada anónima, había proporcionado a una base de la Marina la ubicación de Lazcano, aunque sólo les señalaron que se trataba de un alto "comandante de los Zetas".

La profecía del *Talibán* se había cumplido. El viaje de Heriberto Lazcano al inframundo terminó de fragmenta a la organización. El jefe regional reiteró que Miguel Ángel Treviño era el judas de los Zetas. Así que abandonó al cártel con un buen número de comandantes de los estados de San Luis Potosí, Zacatecas, Nuevo León y Tamaulipas, quienes regresaron a las filas del antiguo rival, el CDG.

Otros jefes no reconocieron la autoridad de *Z40* y comenzaron a actuar de manera autónoma.

Una fracción que operaba en la frontera chica llamó a regresar a la "vieja escuela", es decir, que ya no se metieran con la población civil, que abandonaran los delitos del fuero común y volvieran a su negocio original: el narcotráfico.

Las divisiones ocasionaron que la otrora poderosa organización se fraccionara y derrumbara. Rápidamente pasó de ser una agrupación paramilitar extremadamente disciplinada a un conjunto de desorganizadas bandas criminales.

La ruptura terminó por echar más fuego a la hoguera de la narcoinsurgencia. Decenas de células de todas las entidades donde operaban se quedaron sin pies ni cabeza. Tampoco sin ganancias ni ingresos por el trasiego de cocaína. Ya no tenían que proteger rutas para el trasiego de narcóticos hacia Estados Unidos. Ahora su única relación con las drogas era el narcomenudeo, principalmente la venta de marihuana.

Desde tiempo atrás la captura de capos regionales por la Marina y el Ejército también había hecho mella en la disciplinada y poderosa organización. Ahora, sin los grandes ingresos por el tráfico de cocaína se lanzaron sobre la sociedad civil.

Los nuevos líderes regionales intentaron suplir sus ingresos con los secuestros masivos, los robos y las extorsiones. Además comenzaron a arrebatarles los giros negros a sus antiguos dueños, a quienes amenazaban con matarlos junto con sus familias si no entregaban las escrituras. Con la complicidad de notarios de Nuevo León, acapararon bares, cantinas y prostíbulos en toda la región, ilícitos que fueron denunciados por el periódico regional *El Norte*, entre otros.

Ese ejemplo pronto contaminó a toda la delincuencia. Gracias a que la marca Zeta era sinónimo de impunidad, comenzaron a aparecer decenas de grupos y pandillas que copiaron esos métodos. La Procuraduría de Justicia de Nuevo León los llamaba "Zetas similares" o "Zetas piratas".

Algunas bandas eran células que se habían quedado acéfalas. Otras las encabezaban exmiembros de los cárteles. Sabían muy bien cómo operaban los Zetas. Usaron esos métodos para cometer delitos del fuero común, pero bajo la dinámica de delincuencia organizada y con un poderoso arsenal que les garantizó impunidad.

Debido a esos nuevos jugadores en el campo criminal, los secuestros, las extorsiones y los delitos del fuero común se duplicaron y triplicaron con rapidez.

Eran las manifestaciones de una narcoinsurgencia criminal en la cual miles de jóvenes pandilleros, delincuentes comunes, expolicías y personas desempleadas reclamaban su parte de la riqueza nacional al amparo de la marca Zeta.

En el caso de Monterrey los jóvenes pandilleros descendieron de sus favelas y llevaron la violencia e inseguridad a las céntricas calles de la metrópoli y hasta las exclusivas colonias de la multimillonaria clase empresarial que habita en San Pedro Garza García.

Las condiciones para una *sui generis* insurgencia criminal se cocinaron al menos durante 30 años. Una multiplicidad de fac-

tores acumulados, económicos, políticos, sociales y culturales
e incluso familiares, explotaban primero gracias a la narcoguerra. Entre los principales estaba la gran corrupción del sistema
político y judicial, así como la humillante disparidad social que
se agudizó con el cambio de modelo económico, en el cual el
Estado abandonó sus compromisos sociales y dio paso a que la
mano invisible del mercado solucionara la pobreza y el atraso
económico de millones de mexicanos. La firma del TLCAN conde-
nó a la mayoría de la población a ser considerada simple mano de
obra barata. Incluso el cambio democrático desempeñó un papel,
pues, paradójicamente, llegaron alcaldes novatos y timoratos que
no tenían la experiencia de los corruptos priístas para controlar,
negociar o combatir a las mafias.

La narcoinsurgencia iniciaba sin banderas políticas ni reivin-
dicaciones sociales. Se manifestó de la siguiente manera: la guerra
contra los cárteles que debía ser temporal se transformó en endé-
mica, con más de una década de violencia. Además, pasó de ser
un problema de seguridad pública a una amenaza a la seguridad
nacional con una guerra de baja intensidad que desbastó y obligó
a huir a miles de personas en ciudades de la frontera norte. A otras
las sumergió en una constante violencia. El mejor ejemplo: Reynosa. Además, en grandes regiones los grupos criminales le disputaron la autoridad al Estado, al grado de que en muchas ciudades
controlaban parte de sus territorios. Sin duda los grupos criminales no estaban interesados en conseguir el poder político, pero sí
cooptar a los funcionarios para consolidar su imperio económico.

Y desgraciadamente los narcoinsurgentes no lanzaron sus
ofensivas contra los más ricos o contra la corrupta clase política, sino sobre la parte de la sociedad que estaba a su alcance:

pequeños negocios, miembros de clase media baja, taxistas, taqueros, etc., quienes comenzaron a ser secuestrados por cientos.

Miles de negocios como tiendas de la esquina, farmacias, restaurantes, taquerías y todo tipo de pequeños y medianos comercios comenzaron a pagar piso a supuestos Zetas.

Los enfrentamientos callejeros entre grupos rivales se hicieron cada vez menos. No obstante, la insurgencia criminal y su violencia ahora generaban cientos de desaparecidos.

Comenzó a finales de 2011, primero en Monterrey y las ciudades fronterizas. Rápidamente se extendió por toda la región y al resto de la República. La otrora orgullosa ciudad "capital industrial de México" pagaba con creces el pecado de haber olvidado a los jóvenes pandilleros que estaban edificando una nueva y fructífera industria que no existió durante mucho tiempo en la zona metropolitana: el secuestro exprés, que en promedio duraba dos días, ya que pedían cantidades menores a 50 mil pesos para soltar a sus víctimas. Antes de ser liberados, sus plagiarios les revisaban sus credenciales, sus contactos en sus teléfonos móviles y los torturaban golpeándolos en los glúteos para sacarles información sobre sus familiares. Tras soltarlos, les advertían que si denunciaban ya sabían dónde estaba su familia e irían por ellos para matarlos. Debido a esas amenazas cientos de secuestros no aparecieron en las estadísticas oficiales.

No obstante, incluso sin esas denuncias, las cifras incompletas de la procuraduría de Nuevo León arrojaban que tan sólo durante 2012 ocurrieron unos 45 plagios por mes en la poblada zona metropolitana de Monterrey. Las estadísticas oficiales registraron que al menos 6% de las víctimas eran asesinadas a pesar de pagar el rescate.

La insurgencia criminal hizo que el secuestro se transformara en un cajero automático para las nuevas bandas que actuaban por su cuenta. Recurrían continuamente a ese delito para conseguir dinero en efectivo, vehículos, joyas, casas.

Los directivos y gerentes de los bancos de Texas como el IBC comenzaron a recibir a decenas de clientes de origen mexicano, ganaderos, comerciantes y empresarios, que llegaban llorando y suplicando que les permitieran retirar antes de tiempo sus inversiones para pagar el rescate de sus familiares secuestrados.

A escala nacional el secuestro se disparó a partir de 2012. Las estadísticas del Secretariado Ejecutivo del Sistema Nacional de Seguridad Pública arrojaron un crecimiento de 57% entre 2012 y 2016. Durante los primeros dos años de la administración de Enrique Peña Nieto se registraron alrededor de 5400 plagios, 1800 más que en los últimos dos años del sexenio de Felipe Calderón. Las cifras oficiales sobre privaciones ilegales de la libertad se duplicarían si se contaran los secuestros que no se denunciaron entre 2011 y 2016.

La gran mayoría de los grupos que estaban plagiando se hacía pasar por Zetas, miembros del CDG, la Familia Michoacana u otro grupo de la delincuencia organizada, lo cual les aseguraba impunidad.

Los cárteles inundaron el país con miles de fusiles de asalto provenientes de Estados Unidos y Centroamérica. En consecuencia, las bandas que se dispersaron por el territorio nacional utilizaron ese poderoso arsenal para arrebatarles pequeñas fortunas a quienes se les atravesaran.

El cobro de piso se extendió primero por las ciudades fronterizas. Las extorsiones ocasionaron que 60% de los pequeños comercios de ciudades como Nuevo Laredo, Reynosa y Matamoros cerraran sus puertas, según estadísticas de la Cámara de Comercio de Tamaulipas.

En Nuevo León, la Unión para Compras de Comerciantes (Unpaco) denunció que 80% de sus afiliados estaba pagando extorsiones al crimen organizado. Esa cuota era un impuesto que se sumaba a lo que ya les cobraba el SAT.

En cinco años, la narcoguerra y luego la insurgencia criminal condujeron a la pérdida de 25 mil empleos directos e indirectos por el cierre de comercios y empresas en el noreste. Más de 25 mil viviendas del sector social fueron abandonadas por la inseguridad y la violencia. Los asesinatos relacionados con el crimen organizado en los estados de Coahuila, Nuevo León y Tamaulipas alcanzaron la cifra de 15 mil entre 2010 y 2014. Los desaparecidos sumaron más de 10 mil de 2008 a septiembre de 2016.

En contraste con lo que sucedía en el norte de México, las ciudades fronterizas del sur de Estados Unidos mantuvieron un inusitado crecimiento de 300% debido a la violencia. La migración de sectores pudientes generaba una demanda para que sus hijos estudiaran en escuelas de Texas. Los prósperos comercios que cerraron sus puertas cruzaban la frontera para abrirlos en Estados Unidos. De 2011 a 2015 también se duplicó la demanda de viviendas y empleo. El crecimiento que registraron ciudades fronterizas como El Paso, Laredo, McAllen y Brownsville fue el mismo decrecimiento que padecieron ciudades como Ciudad Juárez, Nuevo Laredo, Reynosa y Matamoros.

Los múltiples plagios y la violencia que sufría la zona metropolitana de Monterrey causó la migración de empresarios a ciudades de Texas. El flujo fue tal que el presidente del consejo de administración de Cemex, Lorenzo Zambrano, llamó cobardes a quienes abandonaron el rico y seguro municipio de San Pedro. En su cuenta de Twitter escribió:

"Regio quédate a defender lo que con tanto esfuerzo construyeron tus ancestros. Lucha, exige, actúa." "Quienes se van de Monterrey es un cobarde. Hay que luchar por lo que creemos. Tenemos que retomar nuestra gran ciudad", publicó en su cuenta de redes sociales a finales de 2010.

La huida de empresarios a Texas la abanderó el dueño del diario *El Norte* y *Reforma*, Alejandro Junco de la Vega, quien recibió amenazas de los Zetas. En esos tiempos tres de sus instalaciones de las ediciones suburbanas recibieron ataques con granadas en ocho ocasiones.

• • •

En 2012 el modelo criminal creado por los Zetas, copiado por otros grupos criminales, se exportó rápidamente a varias regiones marginadas del país. El Ejército, la Policía Federal y la Marina eran insuficientes ante la insurgencia criminal que no respetaba mujeres, niños o ancianos. Las policías municipales o estatales que estaban al servicio de la delincuencia organizada tampoco se daban abasto para perseguir a falsos y verdaderos Golfos o Zetas.

El gabinete de seguridad de Enrique Peña Nieto y sus servicios de inteligencia no alcanzaron a distinguir la narcoinsurgencia tal como se advertía desde Washington. Su estrategia fue una continuación de la de Felipe Calderón: centrarse en descabezar a los cárteles del narcotráfico, cuando ahora la violencia la generaban miles de bandas que ya no tenían a capos como jefes, ni participaban en actividades tradicionales del narcotráfico hacia Estados Unidos. Además es obvio que un gobierno como el de Peña Nieto, cuya élite estaba denunciada por estar en un pantano de corrupción con los casos de Odebrecht y la Casa Blanca, sería incapaz de articular proyectos eficientes para combatir la inseguridad. Lo único que hicieron fue reforzar la estrategia militar para intentar contener la nueva ola criminal, sin entender que su crecimiento requería una profunda agenda social.

El gobierno de Estados Unidos era corresponsable de imponer esa política militar que agudizó la violencia. Cuando sus servicios de inteligencia detectaron la insurrección criminal, usaron uno de los pilares de la Iniciativa Mérida para intervenir en asuntos internos y combatir los factores sociales que alimentaban la desestabilización del país. A través de la Agencia de los Estados Unidos para el Desarrollo Internacional (USAID) se centraron en las zonas marginadas donde las bandas se surtían de mano de obra.

Primero mandaron a una serie de jóvenes investigadores a "polígonos" marginados de ciudades fronterizas como Tijuana, Ciudad Juárez, Nuevo Laredo y en especial a Monterrey. En colonias como la Independencia, Nueva Almaguer y otras de zonas pobres de la capital de Nuevo León, los investigadores levantaron encuestas, realizaron entrevistas y observaron las condiciones de vida para elaborar un diagnóstico de antropología social. Posteriormente diseñaron una serie de programas que se implementaron por medio de una gran cantidad de organizaciones civiles de México y Estados Unidos.

La inédita actividad del gobierno de Barack Obama al sur de su frontera arrancó en 2012 en las ciudades que se habían transformado en grandes centros maquiladores. Tras la entrada en vigor del TLC, en 1994, esas urbes comenzaron a albergar a cientos de industrias que pretendían aprovechar la mano de obra barata y las laxas leyes ambientales mexicanas para exportar sus productos al norte. De ese modo se generó una gran concentración de población, mexicana y centroamericana, que no pudo cruzar la frontera, y se crearon colonias marginadas en las periferias. Más tarde, sus habitantes perderían su endeble empleo y muchas maquilas abandonaron México en búsqueda de mejores condiciones en países como China.

Durante la administración de Carlos Salinas de Gortari (1988-1994) se dijo que los beneficios del tratado serían empleos y salarios de clase mundial. El secretario de Comercio, Jaime Serra Puche, aseguraba que a la vuelta de una década esas ciudades tendrían niveles de vida similares a las naciones desarrolladas europeas. No obstante, durante años sólo han sufrido los estragos ocasionados por los bajos salarios. Entre tanto, la gran concentración de población generó un gran mercado para la cocaína cuando los consumidores estadounidenses se lanzaron a experimentar con las metanfetaminas.

Esas ciudades fueron los primeros escenarios de la narcoviolencia que se desató en 2004, precisamente una década después de la puesta en marcha del TLC. Los cárteles se disputaron esas plazas para la venta al menudeo. Además, en las colonias marginadas les sirvieron para reclutar a narcomenudistas, sicarios y *halcones*.

Con autoridades mexicanas incapaces de atacar el problema de raíz, la administración de Obama decidió hacer a un lado al gobierno de Peña Nieto y trabajar directamente con los municipios fronterizos a través de la USAID: "La delincuencia y la violencia relacionada con el narcotráfico afectan a la seguridad y desarrollo económico de México, y tienen un impacto significativo especialmente en los jóvenes. Las comunidades a lo largo de la frontera entre Estados Unidos y México son particularmente vulnerables", precisó la justificación de la USAID para intervenir directamente en las ciudades fronterizas. "USAID colabora con el gobierno de México para enfrentar estos desafíos a través de su Programa de Prevención de la Violencia y la Delincuencia, que forma parte de la Iniciativa Mérida."[1]

Así, iniciaron actividades con programas de prevención del delito. Los programas financiados por la USAID se destinaron a miles de jóvenes en riesgo con actividades extraescolares y cursos de verano. También se trabajó en la formación profesional y de liderazgo; apoyo psicológico y oportunidades de empleo en Ciudad Juárez, Monterrey y Tijuana. Asimismo, la USAID apoyó la creación de comités municipales de prevención del delito y la violencia.

En colaboración con la Fundación Internacional de la Juventud, los esfuerzos de prevención de la USAID llegaron a más de 9 mil jóvenes en riesgo en comunidades vulnerables en Ciudad Juárez y Tijuana que participaron en campamentos de verano, actividades extraescolares y programas de empleabilidad.

Aproximadamente 70% de los graduados obtuvo un empleo, una pasantía, o regresó a la escuela seis meses después de terminado el programa.

De esa manera, el gobierno de Estados Unidos se encargaba de la tarea que no hacía la administración de Enrique Peña Nieto.

Tres años después de su experiencia en la frontera, la USAID desarrolló una serie de textos en línea con más de 20 publicaciones sobre prevención del delito y la violencia que presenta prácticas efectivas que son referencia para diseñar, implementar y evaluar iniciativas basadas en la prevención en México, para capacitar en esos programas a funcionarios de los tres niveles de gobierno y a organizaciones de la sociedad civil.

Mientras tanto, la descomposición de la organización creada por los desertores militares seguía profundizándose.

• • •

El reinado de Miguel Ángel Treviño Morales al frente de su imperio criminal terminó la madrugada del 15 de julio de 2013, mientras se dirigía a visitar a su esposa. Acababa de tener un hijo. *Z40* se movía entre Coahuila y Tamaulipas a través de una serie de caminos vecinales que conectan ambos estados. Se dirigía a visitar a su esposa. Ese día se internó por un camino de terracería al suroeste de Nuevo Laredo. Iba a bordo de "una camioneta Ford Super Duty junto con su jefe de escoltas Óscar Navarro Sánchez y un contador de 29 años, Abdón Federico Rodríguez".[2]

Z40 llevaba consigo dos millones de dólares en efectivo, los cuales siempre le acompañaban para cualquier imprevisto, como sobornar a quien intentara detenerlo. También cargaba un rifle Barret calibre .50, capaz de atravesar blindajes. En un punto cercano a Anáhuac, Nuevo León, fuerzas especiales de la Marina ya lo esperaban.

La DEA sabía su ubicación, pero esta vez decidió no entregarle la información a la poco confiable Policía Federal o a la PGR.

Prefirió alertar a sus mejores aliados, con quienes estaban trabajando estrechamente en ubicar y detener a los grandes jefes de los cárteles. A partir del momento de su captura, se decretó el final de la organización criminal.

Por su parte, Omar Treviño Morales abandonó el norte de Coahuila, así como las operaciones de narcotráfico. Se refugió en San Pedro Garza García para desde ahí administrar su fortuna, que incluía dos helicópteros, un lote de 40 autos de lujo, joyas e inversiones en residencias en todo el noreste.

A *Z42* le gustaba usar ropa de marca. Cotidianamente acudía con su familia a saquear las lujosas tiendas ubicadas en la Avenida del Valle. Marcas famosas como Louis Vuitton y Versace abarrotaban los clósets de su residencia en la calle Vía Collatina de la colonia Fuentes del Valle, la cual adquirió en 1.5 millones de dólares. En las esquinas de esa avenida discretas camionetas cuidaban su domicilio.

La madrugada del 4 de marzo de 2015 lo detuvieron en su residencia. La Marina lo había ubicado gracias a las grandes cuentas que pagaba su operador financiero Carlos Arturo Jiménez Encinas. Horas antes en su domicilio se había festejado el cumpleaños de su madre, así que en la casa aún había varios niños amigos de sus hijos. Los regalos estaban regados, entre ellos sobresalían las cajas color café de la marca Louis Vuitton.

El operativo para cortarle la cabeza a la élite Zeta incluyó otras residencias de San Pedro, las cuales eran habitadas por Carlos Arturo Jiménez y su socio Rodolfo Campbell Encinas, integrante este último de una próspera familia de Monclova, estrechamente relacionada con el obispo de Coahuila. También fueron detenidos Juan Pablo Téllez de la Cerda, Ricardo Aurelio Torres Rodríguez y Miguel Ángel Anzaldúa Meléndez.

Días después la Marina continuó cortando cabezas de la hiedra Zeta. Daniel Menera Sierra, de 33 años de edad y originario de Tiquicheo, Michoacán, quien ya fungía como jefe regional, también fue detenido en San Pedro. Había dejado al frente de Piedras Negras a Marciano Millán Vázquez, quien después de las detenciones prefirió abandonar la organización, cruzar la frontera y esconderse en la ciudad de San Antonio, donde vivía su familia. El capo Zeta iba a misa todos los domingos hasta que fue capturado por los Marshals involucrados en combatir a los narcos.

Los hermanos Treviño Morales le habían heredado lo que quedaba de su organización a su sobrino: José Francisco Treviño, alias *Kiko*, quien dirigía tan sólo a un debilitado grupo que controlaba Nuevo Laredo, Ciudad Victoria y algunos barrios bajos de la zona metropolitana de Monterrey.

Desde que tomó el mando, *Kiko* Treviño renombró a la organización como Cártel del Noreste (CDN), poniendo final al imperio de los Zetas. El CDN emprendió una guerra contra el CDG hasta que el *Kiko* fue detenido en Houston, en septiembre de 2016.

No obstante, el modelo que desarrollaron los desertores del Ejército ya se había replicado en todos los cárteles: paramilitarización, asesinatos al estilo de los Kaibiles, ampliación de negocios más allá del narcotráfico, sometimientos y alianzas en los gobiernos estatales y municipales. Las bandas autónomas clonaron esos esquemas y los aplicaron para delitos comunes en estados como Michoacán, Morelos, Veracruz, Jalisco, Colima, entre otros. Este modelo delincuencial también invadió municipios del Estado de México como Chalco, Ecatepec y Nezahualcóyotl. Mientras que en la Ciudad de México, delegaciones como Tláhuac e Iztapalapa, entre las más visibles, comenzaron a sufrir en silencio la ola de insurgencia criminal que se confunde con el narcotráfico.

El fenómeno delictivo se extendió asimismo a las entidades más pobres. Se mezcló como parte de los cárteles en Guerrero, particularmente en Acapulco, en un contexto de terrible desigualdad social. Más tarde alcanzó estados como Oaxaca y Chiapas, donde ahora ocurren acontecimientos similares a los que ensombrecieron años antes a las ciudades del norte.

Notas

[1] "Prevención de la violencia y la delincuencia", USAID, <https://www.usaid.gov/es/mexico/prevencion>.

[2] Héctor de Mauleón, "La pulverización de los cárteles", *Nexos*, 1 de julio de 2014, <http://www.nexos.com.mx/?p=21666>.

ÍNDICE ONOMÁSTICO

Las guerras ocultas del narco de Juan Alberto Cedillo
se terminó de imprimir en julio de 2018
en los talleres de Litográfica Ingramex, S.A. de C.V.
Centeno 162-1, Col. Granjas Esmeralda,
C.P. 09810 Ciudad de México.